곡선의 비상

초판 1쇄 발행	2025년 8월 20일

지 은 이	강경순
발 행 인	권희정
발 행 처	중앙&미래

등록번호	제 406-2020-000117호
주　　소	경기도 파주시 청석로 300
전　　화	1588-1312
팩　　스	031)973-0404
이 메 일	jclee63kr@naver.com

출판기획	이정철, 이강렬
디 자 인	다솜플러스

ISBN 979-11-983722-4-6 02800
정가 12,000원

※이 책은 저작권법에 의하여 보호를 받는 저작물이므로 무단전재 및 복제를 금합니다.
※이 책은 전부 또는 일부를 이용하려면 저자권자와 출판사의 동의를 받아야합니다.

곡선의 비상

시인의 말

바람의 눈으로

바람의 말을 나무의 말로 들으며 밝게 웃는 아이들을 보면 싱그레 미소가 지어진다. 풀꽃에 어리는 바람결에서 뿌리의 말을 듣고 싶은 것처럼, 함께하는 공동체에서 각 주체의 발화하지 않은 말을 듣고자 하는 바람은 실금이 가고 있는 마음의 틈에서 새어 나오는 희미한 신음에 귀 기울이게 한다.

하나의 강에서 시작된 물이 두 줄기 강물로 흐르다 다시 하나의 강물로 합해진 긴 강물의 길이었다. 해맑은 아이들의 눈빛을 마주하며 걸어온 물줄기와 교육청과 연수원 등에서 더 나은 교육의 길을 모색하고자 했던 물줄기, 이 두 개의 강물이 하나로 만나는 길에 나의 시는 서 있다. 아이들의 순수한 영혼과 버팀목이 되어준 가족들은 시의 샘물이 되었고, 다양한 길에서 만난 소중한 분들과 사랑하고 일하며 쌓아 올린 이야기들은 시를 짓는 일에 깊은 사유의 파편들로 박히었다.

이 시집을 통해 나의 여정에 동행했던 아름다운 인연들에 깊은 감사를 전하며, 시집 속 시 한 편이 당신의 마음에 따뜻한 위로와 잔잔한 울림이 된다면 더없는 기쁨이 될 것이다.

2025. 8.
江村 강경순

차례

시인의 말 · 바람의 눈으로 · 4

제1부 · 바람의 뿌리

아버지 ·13
동백冬柏 – 그 차오르는 끝 ·14
물비늘을 덮고 – 가뭄에 ·16
아버지의 등 – 어떤 가족사 ·17
모퉁이돌 ·20
어머니의 꽃등 ·23
초강리, 느티나무 편지 ·24
낯선 집 – 유산流産 ·26
두승산 달빛 아래 ·28
한 지붕 세 가족 나무가 살아가고 있다 ·30
누에의 잠 ·32
어머니 – 능소화 울타리 ·35
봄, 동진강에서 만나다 ·36
시외버스터미널 ·38
흙덩이로 사는 일 ·40
영주산의 3월 ·42

제2부 · 바람의 영혼

　　기억의 지도 ·47

　　열두 개의 달 ·48

　　느티나무, 춤추고 ·50

　　달빛 내리는 숲길 ·52

　　바람이 살아나는 도시 ·54

　　5월, 느티나무에 기대어 ·56

　　담장 너머로 – 능소화 ·58

　　나무는 흔들린다 ·60

　　이슬의 날개 ·62

　　숨 죽여 깨어나는 ·64

　　곡선의 비상 ·66

　　번갈아 들여다본다 ·68

　　바람의 지문 ·70

　　빛의 경계 ·72

　　나무 비늘 ·74

차례

제3부 · 바람의 노래

나침판에 바람의 눈을 달아 ·77
노을 흐르네 ·78
복숭아밭에서 ·80
열꽃 속에 누운 1 ·82
열꽃 속에 누운 2 ·83
부러진 날개를 달고 – 코로나19 ·85
저물 강 – 강촌江村 ·87
냄비밥의 온도 ·90
새의 비애 ·92
꽃차 속에 스며드는 ·94
바람을 기다리는 언덕 ·96
오동도 동백꽃 ·98
개심사 청벚꽃 ·100
외옹치, 바다향기로길 ·102
여름의 길 ·104
임진강 – 꿈 ·105
푸른 눈물 – 임진강 ·106
오월 강물, 양수리 ·108
두물머리 만경 카페 ·110

제4부 · 바람의 눈

    그리움에 기대어 ·115

    깊어지는 중입니다 ·116

    갈증 – 새벽에 ·118

    분리수거장 옆 살구나무 ·120

    은행나무 아래 초록 물고기 ·122

    삶의 길은 내 안으로 나 있었다 ·124

    와인, 실핏줄을 훔친다 ·126

    경계를 넘어 – 남북정상회담 ·128

    핏빛 햇살 – 베트남 호찌민 전쟁기념관에서 ·130

    바람의 길 – 알혼섬 ·133

    자유의 길 – 남아프리카 선교지를 가다 ·134

    페스(Fez)를 다녀와서 ·136

    물의 날개 – 빅토리아 폭포 ·138

    꼬르도바 메스키타에서 ·140

해설 · 바람의 바람 | 전종호(시인) ·144

1부
바람의 뿌리

아버지

물이 넘쳐 둑이 무너지고
물바다가 되어 흘렀다
산더미로 달려들던
물은 어디로 갔을까
마실 물이 없다는 뉴스
산 중턱이 무너져 흘러내린
토사에 묻혀버린 집과
진흙뻘을 뒤집어쓴 밥그릇들

급류에 휩쓸린 소들의 울음소리
논과 밭을 삼켜버린 모래밭 위에
적막이 굴러다닌다
경계가 사라진 묻혀버린 생
한 삽 한 삽 삽질하며 진흙을 퍼내고 있는
아버지의 핏발 선 눈에서 무너진
아버지를 세우고 있는 사라져 버린 길
빈 들에 부는 바람 소리
짓이겨 새벽을 빚고 있는 아버지

동백 冬柏
  – 그 차오르는 끝

한달음에 달려왔다 닿으면 금세 환히 피어나듯
그런 사이로 세포를 엮었다 손끝과 손이 닿아
뛰어왔다 추운 줄도 모르고 흔들리는 전철
어둠이 창밖으로 총알같이 스쳐갔다 소스라치며
제철이 아니라는 신호음에 뒷걸음질 치는 몸
바람에 눈이 시렸다 다시 들판의 전신주만
울리는 제 속의 흔들림을 바라본다

종일 쇼핑으로 내몰려 구겨진 종이 같은 날
아랑곳하지 않고 옆자리에서 무어라 이야기하는
얼굴은 보지 못하고 입꼬리에 매단 미소는 흔들리고
종착역에 내릴 때까지 차마 눈을 뜨지 못했다
눈 가장자리에 번들거리는 물기가 흘러내릴까 봐
전철 문이 열리며 들어서는 바람이 고마웠다
재바르게 손가락으로 눈을 비비며 벌건 눈두덩을
더욱 문질렀다 어디로 가야 하나요 갈 곳이 없다

아버지 아버지 아버지 그간 그 사람 가슴이 더
시렸을 것이다 뒤늦게 차가워진 피 온기를
회복하며 흐른다 제 가슴속 흐름 갈무리 못할까
염려하며 눈발 속에 붉은 꽃송이를 누이고 있다

들리는 듯 들리지 않는 자취일까 바로 선 듯하다
서 있지 못하고 무너지고 마는 당신의 이름입니까
그 어떤 것들이 서로 겹쳐 피고 지고를 반복하는
몇 번이나 잦아드는 눈빛, 불빛 아래 함박눈은
따뜻한 온기도 차가운 눈빛을 지닌 것도 아닌
그를 마주하고 홀로 앉은 마음 이 물음을 붙들고
붉은빛 마중하러 가는지 새벽 겨울 강 건너고 있다

물비늘을 덮고
- 가뭄에

메마른 들판에 온통 물비늘을 덮고 눕습니다
물속에 누워 당신을 안고 뒤섞이다가 일어나
앉아서 이마를 쓸어 올리며 눈을 뜹니다
비로소 물비늘 속에서 당신이 보입니다
젖은 눈썹 밑 눈시울 누르며 당신을 휩싸는
비바람 되어 춤을 춥니다 헛바늘 돋아
갈라진 바닥 무늬를 드러낸 채 햇빛 타고
부유하며 붉은 피 하혈하며 자지러지던 날,
물비늘이 된 당신을 따라나서려고
두승산 꼭대기까지 한달음에 쫓아갑니다
그러나 앉은뱅이 이슬로 주저앉고 맙니다
신새벽 달 걸린 하늘에 별들이 눈뜰 때
은행나무 이파리처럼 당신이 푸른 가슴
흔들어 반짝일 때 나는 흙먼지 풀썩이는
울음을 묻으며 비로소 둑 터진 가장자리에
기어코 푸른 풀꽃씨로 눕습니다

아버지의 등
- 어떤 가족사

사과나무 가지 끝 파란 열매가 우박 맞아떨어질 때
그는 코팅 장갑을 벗고 나무의 등줄기를 쓰다듬는다
농지 정리된 농로 옆 수로 속에 수초들 휘어 누울 때
등으로 따가운 햇살 받으며 투덕투덕 허리를 두드린다
농수로 포장도로 가장자리에 앉아 거북선 담뱃갑 속
덜렁 한 가치 남은 담배를 꺼내 불을 붙여 물고 멀리
두승산 꼭대기 산그늘에 걸려 넘어가는 구름을 본다

타들어 가는 담배 가치 끝 연기를 깊숙이 들이마시고
때때로 꽁초가 된 담배 가치를 눌러 정성스럽게 만지작
거리다가 담뱃갑 속에 집어넣고 앞주머니를 갈무리한다
과수원 사과나무 그늘에 앉아,
그는 5. 18 민주화 항쟁 이후
심각한 대학에서 휴학했다는 아들의 소식을 전해 들었다

그 사건들은 눈가 언저리를 젖게 하고 사과나무 가지
무성한 잎 아래, 숨죽여 우는 구부정한 등허리를
마중한다 용지 정리한 논들이 불하되던 새마을운동 6개년

3차 계획이 마을을 들썩이던 즈음, 큰딸 산바라지하러
가시고 없었다 아침마다 당부하는 마누라 없는 틈에 쓴소리
한마디 내지르고 예비군복을 벗어던지던 날부터 50이
넘은 그의 키는 점점 더 작아져 갔다 그의 등에
산그늘이 내려와 앉고 그는 용각산을 자주 먹었다.

그의 손발은 푸릇한 풋사과 겉잎들을 다시 떼어
주기 시작했다 가지마다 열린 푸른 사과들은 멍들어 갔다
어쩌다 빨갛게 익은 사과들은 땅에 떨어지며 멍이 들고
햇빛이 좋아 과일들이 풍년이라는 뉴스에 때로 밝게
때로 어둡게 막걸리 한 사발에 바람 한 움큼을
안주로 마신다 시어터진 김치 한쪽에 부처 같은
웃음을 걸고 아버지 천 원 필요해요 하는 딸에게 허리 괴춤
열어 꼬깃꼬깃한 천 원짜리 지폐 두 장을 쥐어준다

어서 가라고 버스 주차장에서 정읍행 버스를 향해 손
흔들고 뒤돌아 가는 그의 등으로 노을이 불그스름하게
번져가고 있었다 정읍에서 전주 가는 시외버스 타려면

버스표 사고 얼마나 남을까 그것이 딸의 용돈 삼아
살아갈 돈이리라, 새벽마다 용각산을 먹었다 그해 오월
햇살 좋은 날에 멀고 먼 소풍을 가선 돌아오지 않았다

모퉁이돌

모퉁이 어디서나 구석진 곳에 자리하는
별처럼 떠돌던 이들이 마지막 울음
삼키며 찾아드는 자리 꼭 그런 곳에서
그는 앉고 서며 싱그러운 바람을 일어냈다
발부리에 차이는 이들의 손과 발로 뛰어다닐 때
정작 식솔들은 각기 제 앞가림을 위해
먼 거리로 떠돌며 찬 바람 앞에 서야 했다

소문 무성한 바람이 들락거린 날이면
노을이 이마에 머물다 스러지고
그는 혼자서 막걸리를 마셨다
사나운 바람이 되지 않기 위해
거나한 취기로 흔들리며 홀로 걷던
그의 길을 시처럼 노래처럼 좋아했던 날들

실속도 없이 남의 대변인 역할이나 한다고
수런거리는 소리 아랑곳하지 않던 그가
돌부리에 걸린 듯 휘청이었던 일은

푸른 언덕 같던 자식들이
어리석은 소리로 윙윙거리던 날이었다

농협 수매에서 제값을 받기 위해 듣기 좋은 말에
맞장구치지 못하는 성정으로 그만 할 소리를 하고 만 날
함께 불공정에 맞섰다 돌아선 사람들에게 던지는
장성한 자식의 투정에 먼 산을 바라보며
'그러면 안 된다.' 그리고는 아무 말도 하지 않았다

손해 같은 건 보지 않고 살 거라고 입 꾹 다물고
달려온 길목마다 그의 짧은 말은 신호등이 되어
앞을 비추고 있었다고 울음 같은 내면의 외침 소리
이제 먼 곳에 있는 그에게 가 닿아 주기를 빌며
자리 지키기 위해 푸른 함성 외면하고 산
부끄러움 씻기 위해 작은 소리 실낱같은 미소로
홀로 웅크린 이들 보듬을 수 있는
마음의 근육 조금은 생긴 것 같다고 고백하며
기둥을 받치고 있는 모퉁잇돌의 먼지를 쓴다

바람이 불어오고 그 바람이 다시 티끌 같은 사람들을
이끌고 가고 있다 때때로 성난 듯 불던 이해할 수 없는
바람도 막다른 골목에 이르러 빙그르르 허리춤 추스르며
모퉁이 돌 위에 앉았다 다시 길 떠날 채비를 하고 있다

어머니의 꽃등

호스를 꽂은, 말하자면 고관절이 주저앉아 걸을 수 없어요
다리가 꺾이자마자 그 자리에서 주저앉아버렸어요
튜브로 암죽을 목으로 흘려보내고 있는 거예요

콧구멍에 호스를 꽂고, 나비처럼 불빛 더듬이를 달고
칠십 평생을 조각처럼 반질하게 꽃우물 잡아주었는데
순식간에 주저앉았어요 애기가 된 날부터 드르륵
병실 문 들어서는 자식들 보기가 남세스럽던 것도 잠깐
당신의 눈은 물빛이 그렁그렁 가득 차올랐어요

탯줄 이어 내고 끊어내며 붉은 꽃 흐드러지길 일곱 번 하고
두어 번 피었다 진 적도 있는 엉덩관절이 바스러져버렸어요
당신 몸을 쿨럭거리며 사레들 때마다 등을 달고 숨을
일으켜 세우고 있어요 고관절은 당신의 혼불 심지를

돋우었다 사그라뜨렸다 하는 꽃우물 중의 하나였어요
칠십 평생 그 꽃우물 마름질하며 꽃향기 품었다 내보냈다
하기가 힘에 겨웠는지 거동조차 못 하게 된 어머니
튜브 속 암죽이 그 혼불 심지에 불 켜는 등꽃을 달았어요

초강리, 느티나무 편지

무성한 푸른 잎 가득 달고 마을을 지켜주는 나무가 있다
아이들이 놀다 던진 돌멩이에 흠집이 나도 나뭇잎 차르르
흔들면 그만 새벽부터 논밭에 나가 일하고
한낮 더위 피해 온 이들에게 그늘을 내리고
바람이 실어 온 이야기에 귀 기울이며 잎맥을 키운
나뭇잎들은 들판으로 달려가 초록 물결과 만난다

올 한 해 농약값 인부들 품삯에 곡식 종잣값도
못 건지겠다며 시름 찬 이야기 풀어놓는 농부들
목마른 입에 막걸리 한잔 맛깔나게 목젖으로
넘기는 소리에 느티나무는 오늘도 생각에 잠긴다

'이 나무가 아마도 오백 년은 족히 되었을 거네'
하며 흐뭇이 바라보던 느티나무 아랫집 강 씨, 느티
뿌리를 움찔거려 바람 한 줄기 올려 드린다
강 씨는 군에서 장교 생활을 하다 전역 후
농사에 매진했지만 그게 만만한 일이 아니어서
농협 빚 끌어 쓰는 일이 다반사였다

일 년 농사지어 농협 빚 갚고 나면 손에 쥐는 것은
동네 사람들과 막걸리 한 동이 시켜 술 한잔에
웃음 한 순배 돌리는 것이 그나마 호사였다

누가 자식들 이야기라도 물어 주면 쑥스러운 듯
'애들이 공부는 쪼끔 하는 거 같기도 하고'
뭉툭해진 손으로 머리칼 쓸어 올리며 씩 웃는다

슬며시 가슴 앞섶 자락을 눌러보며 주머니에 넣어 둔
지폐 두어 장을 가늠해 보곤 입꼬리가 올라가는 강 씨
눈이 까맣고 초롱초롱한 둘째 딸 교대에 들어갔으니
선생님이 될 것이다 요긴하게 쓰라며 쥐어 줄 요량이다

낯선 집
– 유산流産

언뜻 벗어난 길인 줄 알았다 남의 집에 얹혀사는,
밤새도록 뒤척거렸다 분명 내 집 거실인데
밤 깊어 갈수록 베란다 창문이 덜컹거렸다 흔들리는
호리병 주둥이에서 새 나오는 바람 소리 묻은 유랑流浪
별의 길을 찾아 더듬거리며 나아간다 내가 걷는 길

음계를 누르며 가는 시곗바늘은 늘 제자리걸음으로
회귀하는 궤도를 이탈해 흘러가던 유년의 별
쏟아지던 밤하늘이거나 연일 내리는 장맛비에
불어난 큰 냇가 둑, 집어삼킬 듯 넘실거리는
물에 휩쓸려 둑 가장자리 어지러운 무더기를 감고
떠내려간다 느티나무 정자에 삼삼오오 모인 사람들

아버지 찾아 두리번거리며 잠깐 물 밖으로 고개
쳐들다 다시 잠수하며 물을 삼킨다 물에 잠긴 너른
벌판 속 막 피기 시작한 벼꽃이 물속에 잠겨 숨
넘어갈 듯 숨 내몰아 쉰다 덕천면 다내뜰* 큰 냇물
둑 터져 덮쳐버린 들판 벼꽃이 소리치는 비명소리

막걸리 몇 사발이 아버지의 목울대를 넘어가고
한 점 돼지비계 냄새가 한참을 꿀럭거렸다

낯선 집은 눕는 각도 따라 뒤척일 때마다 들리는
바람 소리가 달랐다 귓바퀴로 불어오는 숨소리
냄새를 풍기며 불어오곤 했다 내디딘 걸음이 잘못 들어선
벗어난 길 같은 내 집에 밤새도록 흘러가던 별 하나
간신히 별똥별 흘러간 둔덕에서 열흘도 넘게 내린
장마에 둑 터진 벌판으로 흐르는 물소리 휩쓸어 간 날을
소환하고 팔베개 벤 여자의 눈 가장자리에 번들거리는,
폭 너른 냇물 속 숨 쉬던 별 하나 유산流産되고 있었다

* 다내뜰: 전북 정읍군 정우면과 덕천면을 경계 지으며 흐르는 큰 내

두승산 달빛 아래

마을 어귀 느티나무 뿌리는 두승산 구멍에서 빠져 나온 달빛이 근원일 것이다 아침마다 새들이 산 중턱 감아 오르는 안갯속에서 나와 산자락을 휘이 돌아 어디론가 날아간다 구름이 두승산 꼭대기에 걸린 날이면 저 멀리 마을에는 소란스러움이 먼저 달린다 느티나무가 머리채 흔들어 휘휘 소리하며 넘실거리고 널어놓은 고추며 콩이며 곡식들을 걷어 들이기도 전 후드득 빗방울이 쏟아진다 새들이 파들거리며 어린 새들을 불러들이고 온몸에 바람을 감고 이리저리 뛰는 아이들 발갛게 달아오른 볼 가득 웃음소리 매달고 소나기처럼 우두두두 달린다 산자락 아래 어느 집에선가는 멀리 있는 역사에서 기차를 타고 도회지에 나가 터를 잡아야 할 일에 뒤척인다 처자식은 우선 남겨 두고 가야 하리라 뿌리 내리지 못한 마음에 기찻길 침목 사이 촘촘히 질러 박은 철심 같은 심장으로 바람의 울림통이 흘러 다닌다 열차가 전속력으로 달려가는 기찻길 옆 두둑마다 풀꽃들이 철마의 굉음과 쇳바람에 숨 자지러지고, 오래된 침목은 벌떡 일어섰다가도 털썩 주저앉기를 반복하며 바람 일어날 때마다 따라나서지 못하고 레일 밑에서 빗물에 젖어간다 불시에 들이닥친 사업 부도 바람은 다양한 소문을 물어내고 마을에 두고 온 가족들을 불러들이는 일은 힘에 부치는 일이 되었던 날들 주인을 기억하는 낡은 문패만 기울어져 가는 빈집을 지키고 있다 조심스레 빈집 울안으로 들어가 보는 두 사람 첫울음 울었던 방 언저리 문지방을 눈으로 가만가만 쓰다듬으며 햇살처럼 웃는다 두승산을 넘어 시집왔다는 어머니를 소환하며 아버지 병수발하며 마음 야위어갔을 가족들 고운 얼굴에 맺히던 눈물은 뒤란 풀숲에 내려놨을까 빈집에 맴도는 오랜 허물 같은 비늘을 떨어내고 아버지의 푸른 몸 일으켜 뒤돌아 나온다 두승산에 걸린 구름이 흘러가는 곳 어디일까 헤아리며 낯선 땅에서 버팀목 단단하게 고정하며 살기 위해 몸부림친 바람이었다 길이 나뉘어 간 두 사람의 해후를 달빛이 부드럽게 감싸고 있는 밤 마을 어귀 느티나무가 일제히 나뭇잎 일렁이며 배웅하고 있다

한 지붕 세 가족 나무가 살아가고 있다

내장사 입구 비틀린 몸채의 느티나무 등허리에
한 지붕 세 가족 문패를 달고 내방객 시선을
온몸으로 받고 있다 비상한 눈빛으로 웅성거리다가
호들갑마저 나무옹이구멍으로 날리며 뻗어 나간
단풍나무와 자작나무 가지와 이파리를 흔들어댄다

툭툭 발길질 두어 번 들어 올릴 때마다
허리 구멍에서 푸른 잎 달려 나와 그늘 한 조각씩
나눠주고 있다 의아한 사람들은 셀룰러폰 동공
조리개를 활짝 열고, 나무 허리 구멍에 생채기를
한 번 더 덧낸다 등걸에 패인 구멍에 나무의 팔을
흔들어대며 가는 바람이 공원 벤치 뒤로 넘어간다

사내의 허리춤에서 뽑혀 나오는 담배꽁초에 불을
붙이고 부재한 여자의 바람 냄새가 그 남자 심장
속으로 들어갔다 휘익 돌아 나오는 사이 눈시울에
불그스름한 기침 한 사발 울컥 허공에 한 조각 토해
내며 그늘 연기에 내려앉는 사내를 기러기아빠라 했다

1호선 만원 전철 안 잠드는 사차원 사물인터넷망에
돋보기를 들이댈 때 눈꺼풀 위에 밤새도록 이슬을
달고 어느 골목을 걷고 있는 자식들을 소환하고 있다
툭툭 들이대는 발길질에 굴러 떨어지는 이슬방울들
거북등처럼 갈라진 나무 구멍에서 이파리들이 걸어
나온다 한 지붕 세 가족 문패가 반짝인다 햇빛 속에서

누에의 잠

노쇠한 두 발 바퀴가 걸어간다 짐을 싣고 장맛비에 패인
구덩이 한쪽 바퀴가 빠져 뽕나무 포대 자루 출렁거리는
산밭 길 돌 하나에 걸려 거친 숨소리 흩어지고
기우뚱거리는 짐, 땀이 비처럼 쏟아져 눈을 찌른다

대학등록금 마련해야 할 허리 짐은 두 채나 된다
새벽잠 털고 일어서는 사이 누에밥 뽕이 모자란다며
따라나서는 아내의 저리는 다리에서 쇳소리가 난다
누에 앉힌 채반 시렁으로 촘촘한 방, 사람 몸 하나
움직일 수 없는 무릎걸음으로 누비며 누에 밥을 준다

신경통 도져 지끈거린다 웃자란 풀숲 속 뽕나무 가지
이슬 털어 비닐 포대 자루에 뽕잎을 훑어 넣는다 자루가
불룩해질 때 비로소 허리 쉼, 누에고치 1등급을 맞아야
목돈을 쥘 수 있다 그나마 한 녀석 대학등록금 요량은 된다

해 붉어 뽕잎 마르기 전 집 당도하러 부산한 손놀림 끝
누에고치 애벌레가 꿈틀거린다 한 밤 내리 자면 눈썹

한 눈금쯤 자라는 몸 사각사각 뽕잎을 갉아 제 몸 안에
투명 터널을 넓힌다 뽕잎 엽록세포 망을 제 몸으로
옮겨오는 쉼 없는 꿈틀거림 새우잠 자는 주인의 손등과
무릎 위에서 채반 모서리 끝에서 애벌레 배밀이로 하루가
저물어 간다 일주일 주기 한숨 잠, 눈 뜨면 몸통에서
반질거리는 우윳빛 살갗, 어제보다 투명해졌다

몸 뒤집어 보며 비단을 지을 실오라기 몇 층이나 쌓였을까
눈대중하는 몇 밤을 혼절할 때마다 부드러운 배에서
끈끈이 털 발톱도 더 자란다 허물 벗느라 뭉개어진 자리
뒤돌아보지 않고 기어오르는 절벽의 높이 허물 벗어 놓은
제 자리다 진녹의 배설물 가득 깔고 누웠다 일어났다
일곱 밤을 자고 냄새 짙어갈 때마다 몸통 등허리 주름골도
깊어간다 줄지어 처진 시렁 누에 선반 층 밑에서 들리던
녹색 뽕잎 짓이겨지던 소리 누군가의 뱃속으로 걸어
들어가던 거친 바람 소리, 누에의 몸통에 어느 때부턴지
비단 스란치마 스치는 바람 소리가 들락거리고 있었다

새벽 잠귀 밝은 누에가 길어진 몸통을 늘이며 느릿하게
뽕잎 속으로 미끄러져 들어가고 고목이 된 뒤란 뽕나무
가지 사이에 앉은 오디가 검붉어질 즈음 누렇게 익은
누에 꽁무니에서 흰 줄 흘러나와 고치 집을 짓는 날
산바람이 내려와 휘청이는 누에의 몸에 비단보 감아
산產바라지하고 있다 바람 한 점 스미지 않도록
동굴 속 깊은 골에서 염을 하고 소리도 없고 흔적도
없는 바람의 노래 잠자고 있는 여름 한낮이다

어머니
   – 능소화 울타리

동생 젖 모자란다고 젖 떼려고 어머니는
젖꼭지에 쓰디쓴 마이신을 묻혀 놓았다 했다
빨간 소독약 묻혀 놓고 엄마가 아프다고 해도
피가 나도록 젖꼭지 물고 빨아대다가 울고
울었다던, 칠월 장맛비 속에 주홍 입술이 되었을까
이 가지 저 가지에서 툭툭 터져 나온다

젖 보채는 눈물 짚어 젖가슴 물려주신 당신을
끝까지 붙들고 가게 하는 힘 몸으로 주셨음을
쉼 없이 기어오르는 능소화가 깨우친다
울타리 틈새를 넘어 햇발을 들이켜는 담벼락을
기어오른다 젖 먹던 힘을 다해 몸으로 덮으며

번져간다 숨구멍 뚫고 입술 쫑긋거리는 꽃숭어리
피고 지고 담장 너머 세상이 보고 싶어 몸살 나는
끝내 닿지 못하는 하늘 꽃모가지 쳐들고 기어오른다
저 벽의 눈 가리기는 한여름 뜨거운 주홍빛일 뿐
칠월 장맛비 속에 들뜬 뿌리 잡아당기며 기어오른다

봄, 동진강에서 만나다

봄, 돌혹* 눈도 발화하고 있다

산벚꽃 퉁그러지며 떠내려가는 강물에 햇살을 본다
물살은 등허리를 돌돌돌 밀치며 고무다라이 배,
귀퉁이에서 뽑힌 야생초는 졸고 있는 중이다
건너편 유럽풍 펜션들 사이로 느린 시골버스가 지나가고
아득한 날의 별처럼 멀어져 가는 낡은 기계음을 울리며
산모롱이 돌아나가는 정오 한 움큼의 돌혹을 품에
싸매 들고 강둑에 서서 흐르는 물살에 돌덩이에 묵힌
몇 통의 편지를 풀어놓았다 반짝이는 물살의 눈,
물 꽃눈 달고 가는 것들이 흘러가다가 어디선가 다시
굳어져 돌덩이처럼 쌓인다는 것을, 나는 강물 줄기
위로 떠가는 산벚꽃잎 위 몇 조각 햇살에서 본다
부서지는 강 둔덕가 풀뿌리 속으로 강물은 또 다른 냇물
줄기 붙잡아 발을 구르며 흘러가고 발바닥을 간질이며
가는 즐거운 강 속 잔돌의 말들 끝이 없고 나뭇가지에
달린 눈물꽃을 쓰다듬으며 강물로 떠간다 바람결 숨
죽이는 정오 햇살을 덮고 누운 돌덩이 지느러미 틔우고

봄, 돌혹 눈도 발화하고 있다

* 돌혹(돌의 혹), 응어리진 마음을 뚫고 나온 돌기

시외버스터미널

버스터미널 창밖에 눈발 무채색 물빛이 번진다
내장사 단풍 갈피 사이로 내린 햇발 속
들어앉은 사람을 바라본다 어딘가로 떠나는
터미널은 갈비뼈 던져두고 싶은 이들을 불러
모으는 매표소, 머리맡 시간에 표정을 감춘다

시장 골목에 감도는 바람 절여진 낙서가 되어
연지동 새 시장 골목 이층집을 어림잡아 배회한다
숨 사래 던져 준 붉은 입김 붙들고 두리번거리며
달려가는 웃음소리 이층집 옥상 위로 날아간다

금방 비라도 내릴 듯 쓰다가 지워버린 시
속으로 왁자한 시장 좌판 골목길 꽃향기
가득하다 국화 한 다발 쑤욱 건네고 달아나는
스무 살 담장 밑 햇살 한줄기 서재에
꽂혀 있는 맑은 물속에 앉은 꽃송이

천변 벚꽃으로 날아가 흩날리고 싶은 빛나던

정수리 젊은 촉수 소환하는 터미널 근처에서
달리던 시동 끄고 저물어가는 저녁 던져둔 채
뒤척이는 해마다 풀뿌리 구근처럼 욱신거린다

흙덩이로 사는 일

씨앗을 심고 있었다 햇살이 등허리를 덥혀주는
밭고랑에서 옷을 벗고 싶었다 흙덩이에 발
들여 놓은 순간 몸통을 불리며 단단한 껍질로부터
분리되고 싶은 갈망으로 되살아나는 촉감에
붕 떠오르고 싶었다 몸을 찢고 뼈 같은 심지가
곳곳에 불온한 흔적을 남기고 가는 새벽녘까지
근질거리는 잇몸이 아픈 듯 연신 입술을 달싹거리며
조심스런 아지랑이 소문처럼 사방으로 번져갔다

곤한 몸 바닥에 드러눕고 하늘이 푸르르 풀려서
내려와 흙덩이를 다독였다 만지는 몸마디에서
연녹색 순이 돋아 바람은 더 이상 발목을 잡고
있을 수 없었다 뼈마디마다 금이 간 손을 뚫고
가만히 일어나 문지방을 넘는다 이슬 같은 물방울을
덮어 둘 수 없었다 흙가슴 데는 만질 수가 없었다

눈물은 나지 않았다 혼자서 이른 아침 누룽지를 끓여
먹고 언제나처럼 식탁을 휘 둘러보며 따뜻한 김을 꼭꼭

눌러두고 어둔 달 잠든 이불깃을 눈으로 쓰다듬는다
혼잣말하듯 뭔가를 웅얼거리는 눈맞춤을 털어내는
마른 목소리를 들으며 현관문을 열고 엘리베이터
버튼을 누르고 사각의 상자처럼 구획 지어진
그 끝 간 데를 피해 아침과 저녁이 회전하고 있었다

영주산의 3월

아침이면 잎들이 일어서는 숲길을 지나다가
바람 속에서 걸어 나오는 아이들을 본다
나무의 말을 바람 소리로 들으려 귀를 열고서
아이들은 둘레 길을 걸어가서 하늘을 만나고
오가는 길 풀 섶 사이로 흐르는 계곡물 가에서
풀뿌리며 풀꽃들의 이야기를 듣고 온몸에
가득 담고 있는 빛 덩어리의 아이들을 본다

새순도 나기 전에 꽃으로 피어나는 노란 산수유며
품고 있던 돌을 꺼내어 햇살에 씻을 수 있는
나무가 되는 비늘지느러미를 품고 교실로 와르르
뛰어들어와 펼치는 소란스러운 몸짓을 본다

시설스런 꽃샘추위 발부리에 걸려 넘어지던
풀뿌리들이 새순 밀어 올리는 떨림 땅에서
하늘까지 닿기를 바라는 봄 물가의 바람은
나무의 비늘지느러미를 뽑아 올리고 있다

아이들은 우리네 따뜻한 마음속에 자라고 있는
어쩔 수 없는 노란 민들레 앉은뱅이 꽃으로 앉아
흔들리며 눈물 씨 뽑아 홀씨를 만들고 있다
열병합발전소에서 뭉게구름처럼 피워 올리는 연기
영주산 정자를 기웃거리고 중고나라 상점 전자기기에서
송신되는 주파수에 아랑곳하지 않고 맞벌이 가정의
꽃 같은 아이들 구름이 만나는 마을 입양한 아이들에게

'친아빠 엄마가 아니란다' 말하는 바람 소리를 들으며
마구 달려가다가 되돌아오는 아이들은 목련꽃으로 웃고
그런 3월 아이들은 영주산 나무숲 속을 달려 다니다가
진달래꽃을 만나고 꽃물 들이는 아이들의 모습을 본다

아침이면 잎들이 일어서는 숲길을 지나다가 바람 안에서
걸어 나오는 아이들을 본다 나무의 말을 바람 소리로
들으며 귀를 열고 아이들은 둘레 길을 지나가다가 비로소
3월의 영주산, 하늘을 만난다

2부
바람의 영혼

기억의 지도

유리병 안에서 모래가 흘러내린다
고운 모래알들이 서로 상처를 쓸어 주는
거울 속 허물을 벗으며 반짝인다
별들을 가두어 놓은 시간이 쌓여가고
궤도를 이탈하고 싶은 별들,
거꾸로 서 있다

더듬어 보는 길, 바람의 말이 흘러 다닌다
듣고 있는 내내 가슴에 모래알이 흘러내렸다
등 떠밀리듯 일어서는 발등 위로
별 뚝뚝 떨어뜨리며 울던
고운 것들이 거꾸로 매달려 있다

혼돈 속 상상이 거꾸로 세운
유리병 안을 들여다보다 귀를 대어 본다
별들은 흘러내릴 때 어떤 소리를 낼까
흔적 없는 기억이 영혼의 지도 밖에서
퇴적층 무늬를 만들기 시작하고
일방통행의 불발 속에서 오늘이 자란다

열두 개의 달

첫 돌을 놓는다
옷을 벗은 고목나무가 경건하게
열두 개의 달을 받아 든다
빛깔도 모양도 다 다르다

이름을 부여받은 것들과
이름을 가지지 못한 것들로 가득한
열두 개의 달을 씻기고 있는 첫 들머리
하늘이 땅의 부드러운 가슴을 찾아오고 있다

검불과 잔돌들의 길을 다지고
나무의 뿌리를 지나가는 발가락을 본다
한쪽으로 기울어진 어깨의 고단함을 받치고
서 있는 오래된 느티나무
담벼락 아래 무너져 내린 흙살에서
껍질을 불리고 있는
열두 개의 씨앗이 눈을 뜨고 있다

햇살을 등지고 있는 돌 틈의 이끼가
고목의 수액에 겨울 목을 축이고
바람의 길을 더듬다
나무 둥치에서 떨어진 비늘
첫 돌 위에 얹는다

느티나무, 춤추고

늘 바람은 불어온다고 믿었다
뒤란 느티나무가 수런거리는 밤
철없는 별들도 숨죽인 채 엎드려 있었다
나는 고요히 일어나 느티나무 속으로 들어갔다

날카로운 빛의 검 구름을 찢고 직진
느티나무가 온몸을 흔들며 춤추는 걸 보았다
길 위 바람은 상처 위로 앉아 길을 만들어 가고
바람 입김 불어 대는, 짓물러 으깨어진 곳
새살이 돋는 것을 본다

나무 안에서 키가 자라고 얼굴 붉어지고
둥근 허리에 오색 띠 감아 준 이 따라
너울춤 추며 마을 밖 길을 나서고
강물 자지러지는 사이 가파른 바람에
내 안의 뼈들이 오르락거렸다

당산나무제祭 지낸다 했다 잦아드는 북소리
엉기어 잦아들다 일어서는 바람에 귀 세우는
별들 하나 둘 얼굴 내밀며 물가로 이끌었다
저 강물 속, 묻어두고 새벽 강가에 서 있다

달빛 내리는 숲길

짙어진 숲길을 걸었다 두꺼운 껍질을 뚫고 툭
발목을 낚아챈다 통째로 드리는 낮은 제단을
그냥 지나치는 죄를 차마 범할 수 없었다
누구라도 바람처럼 집 없이 떠도는 방랑의 옷을
한 번쯤 벗어 놓고 싶었을 것이다

무르익어 더는 갈무리 못 하는 달의 가슴
열어 너에게 비춘다
어둔 길, 다독이며 업고 걸어가 줄
그 누군가를 만나고 싶은 것이다

먼 곳에서 때 아닌 훈풍이 불어오고
대로 위로 환하게 비춰는 햇빛
그늘진 긴 그림자를 걸어 가는 것이 아니라고
칠흑 같은 숲길에 달빛 내리고 별들도
서둘러 반짝임을 거두어들이며 귀 열어두는 밤
바람이 외로움을 어떻게 위로하는지
길 없는 길을 만들며 깊어 가는 막장 같은

꼭 잡았던 손을 풀고 목덜미를 감싸오는
아찔한 안개 창창한 산맥도 잠에 든다

바람이 살아나는 도시

그가 떠난 도시는 그의 부재에도 불구하고
그가 살았던 흔적이 공기 속 물기로 흐르고
그가 와야 문을 여는 물거울 같은
움직이는 성을 숨겨두었다 들여다보면
파문처럼 번지는 물빛 품은 꽃그림자가 있다

꽃그림자 떠 있는 물거울 속 누군가 물수제비
띄워야 깨어나는 열일곱 살의 바람 소리가 있다
구둣발 끝 코 꼭꼭 찧던 이야기 품고 나이테로
서 있는 무화과나무 화단 귀퉁이 먼지바람
어르는 가장자리 바윗돌이 그를 기다리고 있다

한쪽을 헐어 주고 마른 공기들 떠다니고 그
발소리의 뒷모습을 기억하는 발끝 코 찍으면
콕 콕 들어와 쌓이던 옹이가 층층 골목 하늘
되어 있는 도시 들어서면 발끝 코 찍던 바람이 어깨
한편 가득히 쌓이던 누군가를 담게 되는 낯익은 사이
문득 물바람 소리 소용돌이는 돌개바람이 된다

나는 그 도시를 글자 속에 적어 넣어 가만히 쓸어본다
강물이 바람의 발목을 끌어왔다 금세 돌아서 나갈 듯
흐트러지지 못한 실타래, 자라지 못한 채 봉인해 버린
아스팔트 포장도로 패인 틈 속에서 숨구멍 열어주길
꿈꾸는 도심의 빗나간 별이 되어 가끔 다가서는 다른
얼굴이 되어 낯선 도시에 들어와 있다

5월, 느티나무에 기대어

밑줄 그어진 문장을 깊숙이 들여다본다
뒤섞이는 눈들이 가슴을 누른다 여전히
익숙하지 않은 모서리 무늬를 흔들고 간다

붉은빛에 빠져 모른 척 문턱을 넘던 발목
탁자 위 놓인 커피를 엎지르며 주춤거리던
손목 잡아채 열어 둔 창문으로 날아간다
매일같이 새로 디자인한 옷을 걸치고
부푸는 느티나무, 햇살이 벗은 어깨를 만진다
짧은 망설임 새로운 이야기에 연둣빛
입술 비집고 달려와 꽃그림 찾아 출렁인다

책갈피에서 바람이 일어난다 펼쳐 놓은
페이지 넘어가지 못한 채 맴을 도는 그림
먼저 가야 할 일 있다고 일어서는 그녀를
어찌지 못하고 몸속으로 뿌리를 뻗는 눈빛
달리고 있다 낯선 바람 향해 날아가는 단발머리
웃음을 보고 있는 그 익숙한 바람을 비켜서다가

버스 지나간 길 반대편으로 등을 꺾으며 간다

한여름 풀썩거리는 먼지가 굽은 길 택해 천천히
걸어가는 그를 마중하는 봄날 시내버스에서 문득
풍경처럼 스쳐간 모퉁이에 서 있는 그를 보았다
그 자리에 느티나무 한그루 심었다 밑줄 그어 놓은
문장으로 들어가 보는 5월, 초록이 짙어지고 있다

담장 너머로
- 능소화

담장 너머로 나가고 싶어 몸살이 난다
몸 의지해 버티고 있는 뿌리는 아랑곳하지 않았다
뿌리치며 나갈 뿐이다 바람 손 잡으려고 가는 길목
안녕이라 말하며 되돌아서는 갈 길이 바쁜 듯

무성해지는 몸이다 등 밀어 달라 보채며 부르튼
입술, 줄기 자랄 때마다 짙어지는 몸의 역주행
길 나선 바람 따라 뻗어간다 몸통을 다시 비틀어
너머 오르는 담 바라기 팔 뻗어 움켜잡으려는
빈손에 얼굴 붉어진다 꼬이고 얽히며 갈라진
몸뚱어리 틈새, 숨구멍마다 무수히 쏟아내는
손가락들이 끊임없이 움찔거린다

회초리로 후려치고 무릎 꺾어 앉혀도 주저앉지 못하는,
부러진 뼈를 뚫고 등허리 곳곳에서 푸른 이파리,
달려 나온다 너무 아득한 오름,
목숨 던져 무릎 세우고 가는
기어이 닿고야 마는 손끝,

그러나 여전히 가시 갈고리를
가지지 않는다 다시 시작할 뿐이다 피 맺히듯
꽃숭어리가 돋아났다 담장 안팎이 주홍빛으로 덮여 간다

나무는 흔들린다

창 열어 바람을 들인다 시도 때도 없이 일어섰다
가라앉았다 하는 체온이 순간적으로 솟구친다
문질러 보는 얼굴에 펼쳐지는 구름 누렇게 뜬
오래된 종이 같다 불에 거꾸로 비추어 보면
드러나는 사이 굽이치는 실개천에 묻혀 있다

수많은 가지들을 키워 내고 몸속에 박힌 얼음을
빼내질 못한 채 살아간다 어쩌다 각기 다른
주파수를 매달고 정신없이 내달리는 물줄기 따라
흘러가 보면 제철도 모르고 피어있는 바람꽃들
찾아든 이야기를 함부로 말하지 못한다

매달려 있는 송수신기가 고장이 난 모양이다
끊임없이 되풀이되는 지난 일, 잎들이 떠나간 줄 모르고
수시로 빈 몸을 흔들어본다 이제 그만 좀 하라고
찌푸리는 날씨 앞에 어쩔 줄 몰라하다가 허리가
주저앉고서야 귀만 열어 둔 채 눈을 감는다
모든 소리들이 바람꽃 속에 안겨 종소리를 내는

몸이 되는 꿈을 꾼다 온몸에 지루함을 드리우고
그럼 꾹 다문 입술 속에 사랑니를 다스린다

천천히 씹고 삼키며 몸 곳곳에서 부러져 나뒹구는
뼈들을 바로 잡는다 거무죽죽 올라오는 틈새를 막아
다시 되살리듯 마른 꽃들에 바람을 태운다
알 수 없는 곳으로 같은 무늬를 그리고 있는 나무
바람을 당겨 숭숭 뚫린 잎무늬 진물을 말리고 있다

이슬의 날개

안개는 바다의 심부深部에서 날아왔을 것이다
자욱하게 내리는 안갯속에서 들판을 휩싸며
오는 울음 씨를 품은 날개를 본다 긴 눈썹 위로
내려앉는 이슬이 엉기고 풀어지길 반복하는

안개를 따라 속의 바다를 건너간다 가늠할 길 없는
물기의 질량 모든 문은 온도를 짚으며 가는 길
위에서 주춤거리다 닫히고 있다 하늘이 배경으로
서는 지평선, 그 들판을 가로질러 가는 이를 본다

다리뼈 꺾어 돌아오고 싶은 길 안개 자욱한 미로
출구를 찾는 일은 직진뿐인 도로이므로 그는
떠오르는 태양의 발굽 소리 따라 먼길도 쉼 없이
나아간다 그에게는 안개마저도 꽃이 되고 싶어
움찔대는 풀잎 소리였으리라 굽은 허리 곧추세우며
또 다른 방향으로 날아가는 이슬방울, 밝아오는 들녘
밤새 뒤척이던 꿈에 물음표 꼬리 달아 제祭를
지내고 수굿한 묵념 사이 새떼 날아오른다

살갗에 축축이 젖은 몸 비비며 일어서는 이, 안개는
필시 바다의 심장이 깨어진 조각일 것이다 붉은 파편
저녁 안갯속에 고개 박고 우는 소리, 이불깃 끌어
덮고 누운 나의 창에도 이슬방울 속 불그스름한 달이
떠오르고 끝도 없이 잠수하는 새떼들이 떠나간다

숨 죽여 깨어나는

잎들이 돋아나는, 안개가 몸을 푸는 봄
그의 손을 놓으려는 심장이 뜨거워진다
환한 대낮에 숨 몰아쉬며 멈칫하는
그 바람의 몸에 마음을 맡긴 저녁
긴 터널 끝에서 깜박이는 불빛을 본다
보이지 않는 길을 지우기 위해 달린다

보이는 길 이편에서 뛰쳐 일어섰다
뜨거운 이마 짚어 달라 끌어당기는
그의 손을 떼어 놓으며 문을 열고
그때 어깨 흔들리고 있었다
길을 나선 바람
안갯속으로 들어가던 길목이었다

우리는 걸어갈수록 딱딱한 길 위에 가끔
먼지처럼 흩날리며 서로에게 내려앉았다
몰아치던 바람이 이슬 앞에 숙어 드는
안개가 되어 발을 적시고, 점점 멀어지는

오솔길은 깊어지고 드디어 보이지 않는

숲이 되었다 꽃이 막 피어나는, 단단하게
굳어진 그의 눈빛을 놓으며 처음이고
끝인 온기가 하늘에 보이려는 순간
안개가 몸 섞어 빚은 이슬 꽃잎에 맺혔다

곡선의 비상

본시 알이었던 곡선은 둥글고 부드럽고
처음과 끝이 분명하지 않다 아니다 분명하다
아메바의 분할 세포처럼 소실점 하나로도

부풀어지고 커지는 부활의 몸, 곡선을 유지하며
살아가는 이들의 방식이다 재빠르거나 적확한
형태 없이 주춤거리지 않고 본능처럼 움츠리는
뒷걸음질, 앞걸음 표식의 거리 재기 눈
아프면 아프다고 기쁘면 기쁘다고 곧바로
말하지 못하는 흐물거림이다

해가 달을 가리는 둥근 아우라 휘장 펼칠 때
하늘이 곡선을 따라 잠시 눈 감는 사이
달빛이 노란 피질 홀떡 벗어던지고 달려와 내미는
손안으로 넘치는 강물, 비켜서 있는 듯 떠밀려
가다 되살아나는 또 다른 시작점이자 끝이다

그들 방식의 끝이자 시작의 얼굴, 무심히 선

미루나무에 소리도 없이 바람이 팔 걸치는
일은 둥근 엉덩이로 들이밀며 누울 자리
만드는 허공의 끝과 시작을 이어가는
설핏 보면 실수 같은 공존 방식, 놓아버린 듯
버리며 가다 보면 다시 살아나는 달의 강, 길이다

미루나무 사다리 팔에 안겨 바람을 훔치고
바람 속 건너가 닿고 싶은 나라 있어 강가로
나아간다 미루나무 팔에 안겨 떠나는 강물의 소리
울며 가고 건너가는 강물 속에 둥근달 키우며
소리 없이 살아가야 건널 수 있는, 아리 강*,
쓰러지다 일어서는 풀들, 바람에 밀리어 커가는
저 크나큰 곡선의 비상이다

* 아리 강 : 아파도 아프다 소리하지 않는 강

번갈아 들여다본다

누군가 몸을 들여다본다
그 안에 검게 굳어버린 현무암 지대
숭숭 바람 드나들며 안팎을 무너뜨린다

허리를 잡아주던 꽃대가 끊임없이 떨며
부드러운 살 속에 눕던 씨앗, 움트지
못한 사이 분홍빛 살은 식어가고 있었다

메스 굳어진 손금을 캐낸다 몸의 물이 탁해지며
벌겋게 달아오른 배꼽 튀어 오르며 소리친다
붉은 꽃 가득한 풀숲에 별이 박혀있다

매월 한 번씩 물 흐르던 꽃의 배꼽이 막혀
잠든 몸 검붉을 때도 바람은 들락거렸지
꽃빛 뿌리고 가던 추운 알몸의 어린 꽃잎들
물컹거리는 붉은 살꽃들이 떨어져 나간다

검은 현무암 구멍에 몸 던지는 마지막 꽃빛
등허리 안팎으로 풍요롭던 가슴을
물거울 속에 거꾸로 비추어 보며
번갈아 들여다보다가 오래도록 쓰다듬는다

바람의 지문

봇물이 터진다 좁쌀돌기 같은 등불 받쳐 들고 다가서는
산수유, 가는 뼈를 부스르뜨리고 꽃피가 눈을 뜨고 있다
부드러운 속살 버리는 반란의 시작, 거친 바람의 몸피 택해
넘어지며 툭툭 살거죽을 뚫고 솟구치듯 달려온다

바람의 팔뚝을 붙들어 대기의 물기를 끌어안고
입술 쫑긋거리는 솜털들 오소소 혓바늘 올린다
닿는 것마다 노란 바늘침 화들짝 놀라 뒷걸음질만
부산한 꽃술 엉덩이 몸피 열어 끌어당기는 입맞춤에
눈도 뜨지 않고 손 흔들며 노란 민들레 꽃잎 위로 날아간다

거죽을 버리고 일어서는 일은 늘 다시 눕고 싶은
아침처럼 쉽지 않은, 마른기침 삼키며 건너가는
겨울 강처럼 발자국 남기며 간다 긁힌 상처 다스리며
건너가던 바람 보쌈하듯 덮쳐오는 걸음, 스스로 목 내밀어
바치는 돌기 온몸 가득 달고 문밖 멈칫거리는 추운

벗은 몸을 안고 허물어지는 자리마다 앞다투어 터지는
노란 별들 젖망울처럼 솟는 냉기 투투투 털어 더는
묻어 둘 수 없는 가려움증 같은 붉은 발작이
몸 거죽을 찢으며 부스럼 같은 흔적을 떨어낸다
얽히고설키며 지탱하고 서 있던 뼈를 부스러뜨리고
꽃피 눈을 뜨고 입술 앉은자리마다 스친 몸 녹아 흐른다
솜털 같은 심지 뼈를 심고 버려두어야 맑은 눈매
닦아세우는 노란 산수유, 꽃입술 열고 서 있다

빛의 경계

차오르는 물때 기다려 첫걸음으로 오는 빛
마주 바라보면 얼굴을 숨기고 동행한다
어두워지는 하늘 탄식하는 길을 짚어 온다
혀 차며 쥐어박듯 던지는 돌멩이, 비처럼
쏟아진다 잠 못 드는 내내 혼자였다
맨살에 뭇매 던지듯 할퀴는 바람 손
속곳마저 헤집어 드는 겨울 한파가 매섭다

한 치 앞 가늠하기 어려운 황사 바람
초미세먼지까지 더하여 날숨과 들숨으로
뱉고 삼킨다 바닥에 엎드려 되뇌는
등줄기 타고 쏟아져 내리는 뜨거운 김
우리에게 미래가 없다고 말하는 청년
하루살이 삶이면 족하다 유혹하는 광고 사이로
뜨는 빛살 프리즘은 한쪽 발부터 들여놓고
비집고 들어서는 만원 전철 안에 흥건하다

여름 물가 애벌레 하루살이 날개 속으로 온 너는
가득한 것들마다 금이 간 그릇들 틈새 속에서
실금을 말리고 있다 온전한 그림자 만들어 내고
있는 아이 옆에 늘 함께 있었다 뛰어가다
넘어진 몸, 일어서다 주저앉은 허리, 달리다
꺾어진 무릎, 그 실낱같은 경계에서 잠들지 못하고
벽과 벽 틈을 빠져나와 한달음에 달려온다

나무 비늘

느티나무 둥치 옹이 진 몸뚱어리 틈에서 수액이
흘러나오고 있다 아주 느리고 힘겨운 숨을 몰아쉰다
더러는 끈적끈적한 진액이 딱지처럼 뭉쳐있다

반짝이는 햇살에 정수리가 보인다 밤새 불어젖히던 바람에
더 굳어져 혹으로 불거진 눈, 뜰 수가 없다 둥치마다 더덕
더덕 붙어 나무 비늘이 된 몸을 절뚝이며 끌어안는다

비늘 아래 살결이 돋아 숨을 쉬게 자리를 넓게 깔았다
허물 벗은 몸으로 서고 싶다 철철 넘치는 햇살에
맨살을 담근 채 벅벅 문지른다

햇살은 달콤하다 환생의 꿈을 꾼다 가지 끝에 겨우살이를
키우고 세를 주어 새둥지에 알들이 새록새록 숨을 쉬고 있다
맨몸 근질거리게 하는 바람 불 때를 기다린다

3부

바람의 노래

나침판에 바람의 눈을 달아

낯선 길 바람의 키를 잡는다
풍향계가 가리키는
가물거리는 걸음은 불가분의 거리
꽁꽁 동여맨 짐 속 나침판
바늘이 방향을 찾아 흔들린다

낮과 밤의 외곽을 돌아
무중력의 공간에 잘 도착했노라고
손등 심줄에서 실을 뽑아
싸매고 또 싸매어 주고 있는
내면의 나침판이 회전을 한다

불시착하지 말고 찾아가라는
헤매지 말고 잘 찾아오라는
바람의 눈
위치 감각을 회복하지 못한 채
바람의 키를 낮추어 나아간다

노을 흐르네

실금처럼 들려오는 바람 소리
장대 끝 높이 걸어두었다
거둬들이길 반복하시는 어머니
하늘길 닦으며
미지의 먼 손님 맞을 준비
소리 없이 하고 계신다

비밀처럼 끌어안고 살던
마음의 빚
흙바람벽에 상형 문자 그려 넣고
일생의 어느 지점인가를
꺼냈다 넣었다 하며
매일같이 되새김질하신다

파도의 울음이 밀물처럼 밀려왔다
썰물처럼 빠져나가는 소리
귓바퀴는 부풀어 커지는데
사람들이 하는 이야기가 더이상

담기질 않고 윙윙거리며
쏴 쏴 자꾸만 바람이 빠져나가고

담기지 않는 소리들이 흘러 다닌다
멀리서 불어오는 바람의 향을
몸속에 쟁이며 살아온 날들은 그래도
물기 촉촉한 음성들이 가득하였는데

스스로 빈 껍질 되어 덩그렇게
울고 있는 여물물 소리, 어머니의
하늘길에 출렁거린다

복숭아밭에서

벼들이 익어가는 들판 농수로 옆
우거진 풀섶에서 농익어 가는
달큼한 냄새가 난다
벌레 먹거나 상처가 난 과실들이
버려져 발효되어 가는 향기
과육들이 24시를 넘어 허물어져 가는 중이다

딱딱한 나뭇가지 거죽을 뚫고 핀 도화꽃
태양빛 끌어안았던 자리마다
팥알만 한 청매가 열려
봄 햇살에 아기 젖꼭지처럼 커져 갔다
푸른 열매 탁구공만 해졌을까
온몸에 봉지를 둘러쓰고
한 치 앞도 보이지 않는 무더운 일생

푸른 몸 문질러 뜨거워지며
봉지마다 태양빛 꼭 그러 안고 혹시라도
태양의 눈 흩어져 새나갈까

사력을 다해 오므리며
몸 안에 당도를 쟁이고 부풀어 간다

햇빛을 차곡차곡 채워가던 날들 중에
더러는 남아도는 넉넉한 날도 있었다
넘치는 곳에서는 넘침으로
결핍의 땅에서는 뼈 아픈 갈라짐으로
한여름 무더위도 아랑곳하지 않고 해산하듯
도화빛 머금고 과육에서 달콤 향기 뿜어 날 때

늦여름 과일을 뒤적이는 손길이 바구니에 담기고
더러는 절로 땅에 떨어지고
또 더러는 풀숲에서 태양의 눈이
노을처럼 익어 간 몸을 풀어 내리고 있다

열꽃 속에 누운 1

어디서 발현했을까 수상한 두려움
들불처럼 번지는 바이러스
붉은 눈을 피해
첨탑 끝으로 사람들이 내몰리고 있다
사회적 거리 두기의 저편
골목에 불안한 눈빛들
욕구 탈출의 매개체가 된 SNS 속
짧은 대화가 경사면을 구른다
정체불명의 세포에
언제 어디서 낚아채일지 몰라
초조한 사람들
서로 할 말들을 가슴에 묻는다
손등에 검버섯이 하나둘씩 늘어가고
잔주름의 골 깊게 패어 가는 중에도
아직은 나와는 먼
남의 일이거니 했던 일이었다
거리마다 툭툭 벌어지는
하얀 벚꽃 속절없이 피어난다

열꽃 속에 누운 2

절벽인 줄 알면서도
질주할 수밖에 없었던
고단한 생이었다 그 오래되고
아름다운 무늬가 잦아들며
사회적 쉼의 간격에도
가파른 호흡 임계점을 오르내리며
혼미해지는 의식 너머를 넘나들고 있는 이
열꽃 세상으로 들어서고 있는 것일까

보이지도 않는 작은 미생물에
잠식당해 가는 몸의 균열 앞에서
터져 나오는 신음을 삼킨다
누굴 붙잡고 곡진한 가슴 열어
제대로 울어보지도 못한 것 같은데
이렇게 꽃 지듯
가볍게 가는 길이었던가

햇살 가득한 봄 하늘에 편지 쓰듯

미처 다 전하지 못한 말
꽃바람 부는 봄날
화르르 꽃잎 되어 떨어진다

부러진 날개를 달고
– 코로나19

거침없이 마주 나아가다
백신 접종의 벽을 뚫고 온 불청객에게
주저앉혀진 두 사람
절벽 아래 격랑의 강물에 던져진 채
생활치료센터로 이송되어 오는 내내
붉은 물 가슴에 넘실거리고
비상벨을 울리며 질주하는 응급차 안에서
이리저리 쏠리는 몸 따라 정신줄도
휩쓸려 둥둥 떠다닌다

접촉했던 사람들 아무 일 없기를 기도하며
주섬주섬 짐 꾸리고 나올 때
새삼스럽게 둘러봐지던 안방과 거실
평온이 머물던 자리를 눈에 담는다

오래되고 비좁은 기숙사 방에
학생용 침대 두 개 작은 협탁 하나를 두고
인사하는 낯선 두 사람

문밖으로 나올 수 없다는 격리 방송에
마스크 밖으로 드러난 두 사람의
불안정한 눈빛이 교차한다

코로나 19가 날개를 잡아당긴다
끌려가지 않으려고
씨름하다 뚜둑 부러지는 날개
부러진 날개를 붙이고 다시 날기 위해
두 손 모으며 무릎을 꿇는다
달려와 수습해 주시고
사랑과 쉼의 접착제로 날개를 회복시키시는 이
더 단단해진 날개가 되도록 부드러운 햇살
물에 담가 건진 후 찬 바람 쐬어
단단하게 붙들어 매어 주신다

사랑이시네 사랑이시네
눈물이 흐른다

저물 강
- 강촌江村

길 걷다 잠시 눈 붙이는 쪽잠 반대편 귀퉁이에서
바라보고 있는 눈빛을 본다 고양이가 웅크리고 있다
진지하게 눈을 뜨며 달려드는 달빛
너울 드리우고 전봇대 머리 위에 앉아 있다

팔방 십방의 소리에 귀 열고 촘촘한 이마 짚어
이야기 걷어 들이는 몸에 송수신기를 달고
저 혼자 웅웅거린다 마냥 서 있는 것일까

사라져 가는 놀 붙들고 가는 몸통, 거미줄로
이어진 뼈마디마다 들어찬 바람이 실핏줄에
걸린 비명을 부슬부슬 떨어뜨린다 그 땅은
여지를 주지 않고 내몰 듯 쉼 없이 피어나는
풀들을 키우며 전봇대 위로 날아가 앉았다가
그림자 발꿈치 잡고 내려와 쭈그려 앉는다

저문 강물 소리 그 너울처럼 내리는 눈빛으로
익어가는 바람 소리가 들어있다 주름 파고드는

물방울처럼 흔적도 없는 모습을 들여다보다
불 켜진 데로 돌아갈 즈음에 앉았던 무릎 세운다
은어 한 마리 물속으로 다시 헤엄쳐 들어간다

누군가 가슴에 숨긴 시계 초침 소리 커질수록
심장 속 전기 자기장 세어지고 있다 십방이
쿵꽝거리는 벽 허우적대는 소리 밖으로 새어
나가지 못하고 몸속 피를 말린다 손 잡아줄 이
기다리는 물속 다 갈 거라고 믿고 있는 것일까

무언가를 안게 되는 저녁 자꾸 작아진다 상자에
밀어 넣고 봉인해 버린 바람 줄기 열어보려
다가서는 발소리 쪽잠 속에서 듣는다
맞은편 길에서 안개 너울 뒤집어쓰고 저물어가는
들녘, 어스름 맞이하는 장승 되어 웅웅거린다

담장 이어진 골목길 내내 덮치듯 따라오던 전신주
몸뚱이에 강바람 맞으며 서 있다 불 켜지지 않는

몸이라고 불 환한 마당에 들어서서 바라보는
무서워하지 않아도 된다고 말을 전한다 저물 강
속으로 걸어 들어가는 쪽잠 귓바퀴 속
고양이 울음이 그르렁거리며 가래를 넘긴다

냄비밥의 온도

냄비밥이 되기 전 온도를 아는가
쌀이며 물이며 날것들이 만나
섞이며 뒹굴다 자지러지는 순간
밥물이 끓어 넘치려는 신호를 아는가

한 방울 두 방울 냄비가 울 때
냄비 속 담긴 것들을 달래줘야 한다
전조현상처럼 뽀얀 눈물이 한 방울 두 방울
끓어 넘치기 전 얼른 불을 줄여줘야 한다

그 여자와 그 남자

열전도율이 급한 냄비 같은 남자와
온도 조절이 어려운 여자
정성을 더 기울여야 한다
느닷없이 뜬금없이
불어온 바람의 손짓에 날아보는
배경음악처럼 올라간 온도는 새벽일까

냄비 뚜껑을 열고 다시 밥을 푼다
그 여자와 그 남자
끓어 넘친 온도는 몇 도였을까

새의 비애

당신이 사는 나라
더는 생각하지 않으려고
모래사장을 맨발로 걸었어
까슬하고도 보드라운 당신과 나 같아

모래놀이장 안에 야생화 싹이 올라왔어
골똘히 생각했나 봐
뿌리를 뻗어 땅 밑을 파고 온 걸 보면 말이지
가고 싶은 곳에 닿으려고 얼마나 애썼을까

생명이 있는 것들은 다 그런가 봐
담장을 넘어가고 싶어 물기에 젖으며
부풀었다 야위기를 반복하고
매일 해와 달을 삭혀서 먹고사는 거

때가 되면 바람의 손끝을 읽고 따라가면서도
발가락 끝에서는 달콤한 입술 같은 빗물을 갈망해
껍질로 쌓인 나를 말랑거리게 해 줄 것들을

오래도록 기다리는 거 그러다 스스로 무너지는 거
그러다 빚어진 자리가 운명인 양 그 자리에서
또 다른 물기 머금고 뿌리를 키워가는 거

유일한 반란은 외로움 같은 그런 거지
그러다 살아온 당신의 순간들이 읽힐 때

비늘이 벗겨진 눈을 가지게 된
새의 비애 같은 거

살아간다는 것은
당신을 생각한다는 것은

꽃차 속에 스며드는

어디에서든 잘 자란다는 마리골드꽃
가지 휘도록 꽃을 피워 올리고
벌 나비 날아와 화밀을 따고 있다
스치기만 해도 확 퍼지는 허브향
숨을 들이마신다

눈에 좋다 해서 꽃송이 통째로 잘라 말린
마리골드꽃 몇 송이 뜨거운 찻물에 띄운다
오그라진 몸을 펴고 서서히 피어나는 꽃송이
물기 머금고 찻물에 스며드는 허브향에서
다시 읽히는 꽃의 서사는 여전한 것일까

아픔 뒤 더 빛나는 생리生理를 밝히듯
상처 위로 돋는 새살이 맑고 흰 것처럼
마음 서럽던 자리도 그럴까

마리골드 꽃차를 음미하며
꽃술 빨던 벌 나비의 눈부신 향연

띄워보는 찻물 속 꽃그림자
한 모금 삼키면 몸 가득 감도는 향기
꽃과 벌 나비로 노닐며 스쳐 간 자국마다
서로 빚으며 오래도록 물들어가던 얼굴
다시 살아 오른다

바람을 기다리는 언덕[*]

해류를 따라 바다에 길이 있다는 풍문을 저으며
바닷새 날아가는 하늘길 짚어 나아간다

뜨겁게 내리쬐는 햇살과 폭풍우에 맞서
해류 따라 출렁이며 흘러가는 망망한 바다 위
마실 물이 떨어져 바다 위 하나의 점이 되어갈 때
멀리 신기루 같은 바위섬을 발견하고 다가선다

닻을 내리기 어려운 바위 절벽에 주상절리
뜨거웠던 혼란을 고스란히 안고 우뚝 솟아
그림처럼 새겨진 빗금무늬 허리 바닷물에 묻고
고고하게 서서 물의 자리 만들어 놓았다

바위와 바위 사이에 움푹 들어간 바다 동굴은
바닷물의 드나듦이 자유롭고 잔잔하여
물새나 표류하는 배들이 숨을 고르고
다시 바닷길에 오를 수 있는
쉼의 자리 내어주고 있다

뜨거운 용암이 분출하며 흘러내릴 때 흔적 없이
사라질 것 같은 절망을 차가운 바닷물과 바람에
식히고 벌어진 바위 틈새마다 뿌리를 내린 향나무
가파른 절벽을 사시사철 푸른 병풍처럼 둘러
해풍에 향기로운 깃발 흔들고 서 있다

만선의 돛을 펄럭이며 떠나온 곳으로
돌아가리라 야무진 생각 정처 없다가도
울울한 나무 베어 허물어진 배를 수리하고
섬 가장 높은 언덕에 올라가 보는 날들
바닷물의 온도와 높이를 가늠해 보며
배를 띄워도 좋을 바람 불어오는
구름의 길 매의 눈으로 살핀다

---

* 대풍감待風坎: 울릉군 서면 태하리 바닷가에 있는 바위. 바람을 기다리는 절벽. 절벽에 자생하는 향나무는 천연기념물 제49호로 지정되어 있다.

오동도 동백꽃

겨울 바다 물색은 한층 깊은 푸른빛
잔잔한 여울은 통꽃으로 떨어지던
동백꽃 울음을 머금었나
붉음이었던 몸의 시절 더듬어보며
푸른 바다에서 꽃으로 피는 꿈을 본다

동백섬에 오르니 신우대를 어르는 바람이
용굴을 파고들어 바위를 치며 울고
추운 파도 소리 들으며 벼랑에 서 있는
동백나무 붉은 꽃송이 피워 올렸네

순한 햇살에 아득해진 겨울바람이
동백나무 꽃눈을 흔들었을 때
바다도 부드러운 파랑을 불어 주며
함께 일렁이었으리라

뒤늦게 온 이를 위로하듯
땅에 앉아 다시 피어난 꽃송이

몸 통째로 허공으로 날리던 꽃의 울음소리
듣는 걸음마다 꽃의 울혈에 물든다

개심사 청벚꽃

함께하는 벗이 있어
울혈 진 마음 부축해
맑은 기운 가득한 터로
이끌어 가네

두 개의 돌에 새겨진
세심동, 개심사,
마음을 씻는 동네에서
마음을 열고 가라 하네

대웅보전에서 흘러나오는
청아한 독경 소리,
순간을 살다 돌아가는 이
세심수에 씻어
별이 되라 기원하는가

명부전 앞 한편에 서 있는
청벚나무

세속에 얽힌 매듭
다 풀어내기 버거워
푸른 꽃으로 피는가
붉음으로 달리던 마음 씻으며
맺힌 울혈, 푸른 멍울이 되고
피어나리라 피어나리라
푸른 꽃으로 피어나리라 하네

개심사 내려와 돌아가는 굽이굽이
저수지 살얼음에 발목 잠긴 수양버들
빈 가지만 바람에 흔들고 있다
몸 가득 달고 있던 이파리들도
찬물에 수장하고 뿌리까지 씻기며

새봄, 기다리는가

외옹치, 바다향기로길

푸른 바다가 허공을 만지는 소리
흰 말들이 달린다
바다에서 하늘에서 그리운 팔 뻗으며
서로 아득한 거리
바다는 허리를 곧추세우며 튀어 오르고
흰 포말로 부서지듯 덮쳐 가는
숨 가쁜 입김 그리운 사랑 한가득
바닷가에 퍼 나르고 있다

흑단 같은 머리채 날리며 밝아오는 새벽하늘
산허리 휘감은 흰 구름 꽃처럼 피어
망망한 푸른 바다 가득히
햇살 아래 은빛 치어들을 낳고 있는
외옹치 바다 기슭 놀이터가 환하다

그립고 외로운 저 파도 소리
내 사랑하는 이의 휘파람 소리였네
바다요정 세이렌의 노래에 발 묶여

내 가슴으로 달려오는 길 잊어버린 채
흘러간 내 푸른 사랑이 철썩거리는

외옹치, 바다향기로길

여름의 길

가슴에 셀 수 없는 길이 생긴다
걸어가는 곳마다 뒤따라 나서는 벗인 양
풀씨들이 껍질을 벗어던지며 뻗어 간다
맨몸으로 기어가며 던지는 싱싱함에
시멘트 아스팔트 바닥도 틈을 벌려내고 만다

간절하면 닿으리라는 염원으로 뭉쳐진 유전자
뿌리를 내리며 사방으로 튀어 나간다
풀뿌리가 태양의 정수리와 맞대고 있는 모양이다
밤새도록 빚은 이슬 풀잎에 올리는 것은
떠오르는 햇살 속에서 떨어지는 까만 눈동자
하얗게 반짝이며 다시 하늘로 오르고
땅속으로 스며 풀꽃으로 피고 말 것을 믿기 때문

뽑아내면 뒤이어 다시 밀어 올리는 풀씨의 눈들이
동그랗게 몸을 감아 태초의 길에 맞닿아 가는 길을
내고 있다 진녹색 발광체로 덮여가고 있다
우주가 싱싱해진다

임진강
- 꿈

가물거리는 불빛처럼
물길을 내며 가는 길에
신호음이 울린다
강물은 같은 강물인데 건너는 순간
다시는 건너올 수 없는 강
강폭이 넓어지며 출렁거린다

자박자박 발밑 땅이 짚이는 강가에서
놀다 점점 강 안으로 들어가다
무거워진 몸이 무게를 버려도 좋은
강 중심부에서 부웅 떠올랐다

강물과 하늘과 까만 밤이 하나가 되는 순간
하늘이 번쩍 찰나의 길을 열고
영혼을 가뿐히 들어 올렸다
중력이 사라진 순간
어디든 갈 수 있는 홀씨 품고 날아간다

푸른 눈물
- 임진강

나선을 그리며 흘러가는 임진강 이쪽저쪽
구분하지 않고 신록으로 물들어 간다

벽이 되라 규정한 이들이 강물에 그어 놓은
균열 자국 매일같이 강물이 씻으며 가는데
물줄기 끌고 수렁 속으로 들어가는 눈물 사연은
끊이지 않아 피란길 인파에 휩쓸리며 놓쳐버린
피붙이 찾아 허우적이는 울음 맺힌 부름

몸 누인 자리마다 뒤척이는 바람으로 살던
한 세대가 가고 남겨진 다음 세대들
고향 땅을 지척에 둔 채 가지 못하고
가슴에만 묻고 살던 부모의 애환을
보고 자라야 했던 유년의 물음은 옹이로 박히고
강 건너 하늘에 별로 띄워 볼 수 있을까
임진강 주변에 마을을 이루어 산다

안개에 묶인 마음 강물에 풀어놓으며 풀이 되고

물고기가 되고 푸른 빗속을 날아가는 새처럼
이편과 저편의 경계 없이 자유롭게 날아
벽이 된 강 이름 지우며 막힘없이 흘러간다

뼈 없이 가시도 없이 모두 내려놓고
보고 싶어 보고 싶어 하는 이 마음 놓지 않고
흘러 흘러가다 보면 품 내어주던 이웃들,
연어처럼 회귀하는 이들 품으며
다시 만나는 길 열어낼 수 있으리라

순한 강물 노도처럼 넘쳐 목놓아 울고 가는 날
나선형으로 흘러가는 임진강물에
결기와 분을 뽑아낸 뼈들 다 녹아 강물에는
은결 같은 마음들만 물고기처럼 튀어 오르리라

오월 강물, 양수리

발원지를 잊은 채 흐른다
강 속에 풀어진 검불 더미 같은 것들이
얽히어 둥치를 이룬 물 섬에 달빛 내리고
강안을 훑으며 가는 바람 소리에 수줍은 풀꽃들
발목에서 차랑거리는 종소리가 물살을 흔든다

익숙한 풍경들이 경이로워지는 양수리 강 속 돌들이
일제히 발길질하며 솟구쳐 뛰어오르는 은빛 치어들
물비늘 올리고 5월 강물 속으로 뛰어드는
돌부리들도 부서지며 물꽃이 된다

한 몸이었던 물이 두 갈래로 나뉘어 흘러가다
넓어져 다시 만나며 신음 소리 삼키는 강물 속
달빛 넘실거리는 물사리 즈음이다
주춤거리는 거리만큼 강폭이 깊어지는 곳 어디쯤
별들은 달빛 타고 소리 없이 물 안에 들고
부풀어 오른 물고기 흰 배를 새벽 맞도록 어루만져
물비늘로 돋아 오르게 하는 양수리 오월

오른쪽일까 왼쪽일까 글썽이는 강줄기 따라
가늠자 눈금이 절뚝거리는 추억들이 반짝거린다
글썽이는 마음 한 자락 놓아 보낸다

두물머리 만경 카페

각기 다른 곳에서 발원한 물이 만나
합수되는 양수리에 오면 서로 다른 길로 흘러가던
두 마음도 하나 되어 사랑을 나눌 수 있지 않을까
물안개에 젖어든다

병풍처럼 둘러쳐진 산 아래 강물이 눕고
저녁 어스름 사이로 부는 바람 따라
강가에 선 느티나무가 강물 속으로 들어가고
밤 그늘 어리는 물속에서
여리고 지친 생명들이 고요에 든다

멀리 마을을 이룬 집들과 가로등에
하나둘 노란 전등불이 켜지고
온기를 지피듯 낚싯대처럼 드리워진 불빛들
떠나고 싶은 이들의 발걸음을 붙들어 두는가
각기 다른 곳에서 태어난 강물 한 줄기와
또 다른 곳에서 발원한 강물 한 줄기가 우연히 만나
몸 섞으며 큰 강물 이루어 흐르고 있다

서로 다른 줄기들이 만나 우렁우렁 키워 낸
새끼들을 거느리고 가는 길에서 필연처럼
한번은 만나야만 할 것 같은 사람을
그리다 가는 두물머리 나루터,
언젠가는 만날 수 있을 거라는 기원을
솟대처럼 세우고 살아온 강물 같은 사람,
말없이 흘러가는 유장한 강물 위에 띄워 본다

서로 다른 길 달려온 강줄기가 한 몸 되는
두물머리에서 두 손 맞잡으며 못다 풀어낸 노래
강물 소리에 재우고 먼길 돌아온 반환점에서
다시 돌아나가야 하는 물목,
휘어진 허리 일으키며 강물에 묻는다
이 긴 울음주머니는 어디에서 발원한 물줄기인가
두물머리 물빛 속에
만 가지 풍경으로 얼비쳐 온다

4부

바람의 눈

그리움에 기대어

숲길 걷다 바라본 절벽 바위
병풍처럼 둘러쳐 우뚝 선 가슴에도
흠집이 났던 것일까 자취 없이 날아와 쌓인
먼지와 티끌에 허락한 한 뼘 여백이었을까

바위 틈새에 앉아 산바람에 한들거리는
산나리꽃에서 보는 우주의 순환

마음의 간절함으로 빚어진 행성이었던 걸까
우주가 대폭발 할 때 꼭 붙들고 살던 마음 놓친 채
흘러 다니던 별들의 잔해가
바위틈에서 먼지와 풀씨로 만난 것일까

전파로 송수신하는 그리움에도 꽃은 피고
어느 별에선가 티끌처럼 쌓이고 있을 마음들
DNA로 저장되며 날아갈 준비를 하는 걸까

짙푸르러 가는 여름 산을 아기 손가락만 한
산나리꽃이 환한 빛 고요에 들게 한다

깊어지는 중입니다

강물이 품고 흐르는 것은 물 같은 옹이들
목까지 이불을 끌어당기고 누워 하늘에 불을 댕긴다
새어 나가지 못하는 불빛을 배회하며 햇살에 반짝이는
물비늘 가득했던 강물에 빛을 잃어버린
눈동자 풀어놓고 있다
하늘의 별들은 검게 탄 강물 위에도 내리기에

아침이면 다시 하늘로 올라가는 별들과
눈 맞춤하며 밤 깊도록 노닐다 여명이 멀지 않은 시각
눈물이 땅에 떨어지지 않도록 풀잎에 맺히는 이슬로 모아
강물 위에 띄워 더 깊은 잠수를 한다

고요한 폭풍 전야를 밟고 온 비바람이
한 생애를 소리소문 없이 밟고 짓눌렀다

신음이 새나가지 않도록 목까지 차오른 물속으로
가라앉으며 꿈을 꾼다
강물 밑 끝에는 하늘이 환하게 보이는 푸른 초원일 거라고

강둑에서 떨어져 이곳을 바라보던 사람들이 환한 빛 속에
한가로이 거닐고 있다 예고 없이 열어버린 수문에서
콸콸 쏟아지는 급류에 휩쓸려 떠내려가는 걸 보고만 있어야
했던 이들이 택한 건 바닥 끝으로 내려가 보는 일이었다
허우적이는 손을 잡아 줄 수 없는 거리로 점점 더 밀려난
곳에서 비로소 가벼워진 몸

칭칭 감아대던 거친 덤불들 다 떠내려 보내고
텅 빈 몸속에서 울리는 물소리
강물 위 비치는 물비늘에 별빛 채우고 있다

갈증
― 새벽에

핸드폰을 손에 쥐고 잠이 들었다
누군가 이름을 불러줄 것 같은 기대일까
낯선 곳으로부터 주파수를 송수신하는지 뒤척인다
전자파를 끌어안고 자고 일어나는 날들
매일 핸드폰을 머리맡에 두고 잔다
더듬더듬 핸드폰을 찾아 쥐고 몇 시쯤 되었을까
본능적으로 각종 SNS 알림 표시를 훑는다

매양 비슷한 시간대에 잠을 깨는 것도 유전일까
주무시다가 머리맡에 둔 자리끼를 찾으시던
아버지를 생각한다 한밤중 페이지마다 깨알 같은
글씨가 빼곡한 문학 전집을 읽고 있는,
새벽빛이 창호지 문을 희미하게 물들일 즈음 식구들 잠 깰까
백열등 스위치를 내리고 새벽잠을 다스리다
자리를 털고 일어나 들판으로 나가신다
하늘과 땅이 교차하듯 만나는 혼돈의 시간
생명 지닌 것들이 깨어나고 있는 들녘을 거닐며
여명 속에서 일어나는 곡식들의 생기를 가득 묻히고

돌아와서 일어나라 소리하며 아침을 여신다

열어 둔 창문으로 스며든 가로등 불빛에
도심의 거리를 더듬으며 웅얼거린다
'전자파가 몸속 물을 마르게 한다'는데
반쯤 깨어서 뒤치락거리며 잠들지 못한 채
떠도는 빛과 소리에 몸을 연다 미리 와 있을지도
모른다는 기대를 하며 가보지 못한 행성을 거쳐
돌아오고 있는 발걸음 소리 듣지 못하는 건 아닐까
잠들면서 잠들지 못하는 새벽마다 머리맡 핸드폰은
꺼두고 잠자리에 들어야 하는데 인제 그만 창문도
닫아야 하는데 잠결에도 목이 마른다

분리수거장 옆 살구나무

고목의 거죽 뚫고 나온 가지마다
눈물 아롱아롱 맺힌 멍울들
속삭임처럼 고요히 꽃눈을 뜨고
연분홍빛 꽃송이들 피어나네

분리수거장 옆 비탈에
오래된 살구나무 한 그루
뿌리 일부가 땅 위로 드러난 채
빛을 향해 뻗어가느라 여념이 없는
수많은 가지를 받들고 서 있어
허리측만증으로 비틀어진 허리 끌고
한 걸음 한 걸음 쉬며 걷는 어머니 같은
넘어질까 아슬한 허리 굽은 살구나무

몸통에 알을 까 표피를 갉아먹는
벌레들에게 살점을 내주면서도
끝내 놓지 않은 소망 이것이었을까
자식 생각하는 어머니의 기도 같은

환한 빛 가득 피워 올리고 있다

검은 물에 얼룩진 살구나무 발등을 덮으며
내려 쌓이는 여린 꽃잎들
일어나는 소슬바람 따라 흩어지며
다디단 살구 내어줄 눈물점 달아 놓고
이슬인 듯 날아간다

합판 덧대어 만든 낡은 분리수거장 옆
살구나무 밑에 놓인 길냥이 밥그릇 위
꽃잎 분분히 날아와 쌓인다

은행나무 아래 초록 물고기

나무가 그늘을 내리는 벤치에 솨솨 바람과 나뭇잎이 만들어
내는 소리 나뭇가지 사이로 얼비치는 햇살에 반짝이는
나뭇잎들이 바람의 방향을 따라 초록 비늘을 반사하며
그늘은 온통 초록 물고기 가득한 바다가 된다

살아있는 화석이라 불리는 은행나무 주변에 흐르는
생명의 바람결 고생대에서 현재까지 이어지며 온
은행나무의 성장 이력을 따라가 보면
긴 호흡으로 푸르게 사는 방식을 알 수 있을까

종의 기원을 밝혀가는 첨단 과학과 인공지능
로봇이 인간처럼 생각하고 말하는 진화에도
근원을 품은 생성과 소멸의 비밀은 미지의 영역
은행나무는 여전히 푸른 유전을 거듭하고 있다

거북등처럼 갈라진 나무 표피를 뚫고 나온 잎들이
하트 모양으로 발현되는 것은
어떤 화인火印의 내력을 품고 있음인가

처음과 끝의 꼭짓점을 이어낸 사랑의 굴곡진 징표
몸 밖으로 당당히 드러내 놓고 있다

어린잎에 심장을 통째로 걸어 준 은행나무의
거친 몸통에 손을 대 본다
몸속 초록 피를 뽑아 싱그러운 향을 내보내고
바람은 수억 년의 시간을 오가며
소식을 전해주는 새처럼
나무에 깃들었다 떠났다를 반복하고 있다

나무 그늘에 인생의 하루살이 그림 포개어 본다
뜨거운 심장을 지닌 사랑의 표식 어디에도
드러내지 못한 채 제 그림자 지우며 살고 있다
저녁 강 지나 다시 아침으로 이어가는
무명의 풀꽃 사람의 길 만들며 간다
간혹 알 수 없는 바람이 흔들어 놓는 날에는
그 바람의 그늘에 기대 눈을 감고
초록 물고기가 된다

삶의 길은 내 안으로 나 있었다

푸른빛이 노을빛으로 물들어 가는 산등성이
높은 산이 낮은 산 계곡으로 내려와 엎드리고
산 가득 빛나던 나무들 여름의 기억을 품은
빗살무늬 날개를 달고 있다

날개를 펼쳐 햇살에 입맞춤 허공을 훔치고
비잉 돌아 내려앉는 마지막 자리
제자리 제집의 이정표 없이
바람 불어 가는 대로
발길에 차이는 대로
부서지고 흩어지며 티끌 되어 가는
흙살 만나면 거름이라도 될까
끝자락에 와서야 투명해지는 제 몸속으로 되돌아가는 길

높은 산봉우리가 낮은 산봉우리에게 먼저 손 내밀며
서로 연대하듯 물 들어가는 산등성이를 사람들이 오른다
울음 한 움큼 한고비 넘어서는 벅찬 숨을 풀어놓고
올려다본 하늘은 짙푸른 바다
그곳에 가득한 당신, 산등성이가 붉어진다

와인, 실핏줄을 훔친다

몰약을 한 모금 삼킨 저녁
수량이 풍부하게 흐르던 강에서
입맞춤하던 기억의 미로에 들어와 있다
큼큼거리며 코끝으로 감지해 보는 향기
혀끝으로 느껴지는 쌉싸름 달콤한 유혹에 취해
섬의 곳곳을 더듬어 흘러가는 뜨거움
흘러온 온갖 것들이 숙성되고 있는 강 하구에
펼쳐진 갯벌의 속살이 궁금하다

무수한 무기질과 유기 물질로 풍부한 진흙뻘의
매끈거리는 살갗에 맨살을 대고
생명을 품을 가능성을 던져 버린 남자가
열심히 펌프질을 하고
물이 넘쳐 유속의 조절이 불가능하던 날
범람하는 장맛비에 다 쓸려 보냈던 검불 더미들이
강 하류에서 웅크리고 있는 조각별 되어 눈 뜨고
달빛 속에 진주를 키우고 있다

몸속 깊숙이 잠든 감각들이 입술을 벌린다
부끄러운 듯 숨죽여가며 잦아들게 했던 신음이
붉은 포도주를 받아들인 몸에서 일제히 일어나
그녀를 물끄러미 바라보고 있다
삶의 회전축을 돌리기 위해 궤도에 눕는 밤
태의 유전자를 품고 끊임없이 자전하는
달의 몸을 훑으며 실핏줄이 흘러 다닌다
기울어진 어깨의 고단한 바람 소리
따뜻한 체온으로 품으며 노곤하게 발효시키고 있다

경계를 넘어
– 남북정상회담

전송하고 있다 지도 위에 칼자국처럼
몸속까지 그어진 선을 따라 넣어보는 이름
옭아 맨 붉은 금을 지운다 심지 올려 불 켤
준비하며 우리가 지나친 길 알고자 밝은
눈을 몸 곳곳에 박아 햇빛을 끌어모았다

다 내려놓고서야 다가서는 경계에서 꽃들은
기다린다 낯설어하던 몸짓을 서로 다독이며
뒤뚱거리는 마음 세워주며 손잡고 걷는다
따라갈 수도 없고 멈추어 설 수도 없던
그림자들 흔들린다 떨리는 자리 비집고 포옹하는
바람이 사다리를 세우고 올라선다

바람의 한 획도 틈타지 않게 하려 눈빛
습지 위 세운 도보다리*에서 사슬고리를 풀며

바람 깃에 말리고 그려보고 지우던 날들
산맥의 뭉친 혈을 헐어 길을 열기로 손잡았다

풀꽃이 숨죽여 피고지던 땅 낯선 바람이 헤집고 간다

* 2018.4.27. 남북정상회담 시 남과 북 두 정상이 앉아 담소를 나눈 다리

핏빛 햇살
― 베트남 호찌민 전쟁기념관에서

발길 돌릴 수 없는 포토그래퍼들의 사진 속에서 그
핏빛 햇살을 보았다 누군가 살아서 걸어 나오고 있었다
아니 그 포화 속에서 버려진 아이들을 보았다
피바람을 몸으로 막고 있는 어머니 눈빛도 보았다

아이와 함께 건너려고 강 물살을 헤치며 가는
여인의 눈빛 속에 가늠하기 어려운 얼굴이
겹치며 발걸음을 붙들었다

군화 발밑에서 여리고 고운 꽃은 햇빛 속에
풀빛으로 투명했다 조국의 잔영이 겹치며
가난한 조국의 누군가를 위해 기도하듯
살아야 했던 가까운 이웃들을 보았다

작열하는 포화의 불빛, 연기가 치솟는 정글의
사선을 넘나들었을 몇 장의 기록 사진들,
어제로 살았던 말라버린 강물에 물이 흐른다
잊지 말아야 할 길이 보이고, 꿈틀거리듯

펄떡이는 물고기들이 강을 힘차게 거슬러 올라간다
시간을 짚어가 보는 여행객, 먹먹한 가슴
순간을 스쳐 가는 발길을 묶어 세운다

쉼 없이 밀려오고 밀려가는 남중국해 파도가
다 담아내지 못한
사연들이 바닷속에서 서걱거리는 노래로 날아오른다
모래 언덕을 만들어 사구를 이루고 그 가슴 위에
서 있는 발등을 부드럽게 미끄러뜨린다

바닷바람이 모래를 날려 이룬 모래 언덕을 사막이라 믿으며
핸들을 자유자재로 화이트샌드 위를 달리는 오토바이와
즐거운 함성은 흔적도 없이 고운 모래로 덮이고 유년으로
되돌아간 웅어리진 가슴을 한 줌 모래로 던지고
돌아서고 있다

살아간다는 것은 죽을 것만 같은 순간도
파라다이스 같은 환희도 순간의 점들

모였다 흩어졌다 반복하는 평행선
그 길을 달리다 온 것 같다

바람의 길
- 알혼섬

남하하는 바람은 알혼(Ольхон)섬에서 일어났다
메마른 길과 그 풀꽃들의 군락群落 속에 눕는다
끝 간 데 없는 수평선은 계속 오르내리고 있었다
처음에서 끝으로 불어대는 바람에 온몸이
뜨거워졌고 마침내 우리는 하늘로 떠올라 갔다

문득, 홀로 일어서는 바람의 길을 따라나서며
피어났을 야생화, 알혼에 제祭를 올리고
바이칼을 떠났다 사방을 열어 두고 잠들지
못하는 땅, 아주 천천히 자작나무를 부러뜨리고,
꺾인 발을 적셨다

솟구치는 호수에 순례자의 등짐이 무거워지는
저녁이면 조용히 다가와 눈감는 푸른 창
패인 심장 속으로 감기어 함께 잠든다
밤새, 바람은 느릿느릿, 따라갈 수 없는
곳으로 낮게 낮게 떠나가고 있었다

자유의 길
― 남아프리카 선교지를 가다

등짐을 지고 걸어간다 가늠할 수 없는 먼 길 나서며
매일 눕고 일어나던 집을 나서 날마다 길에 선다
12명의 일행과 더불어 받아 들고 가는 길
동행하는 이들을 서로 섬기며 멀리 떠나간다

영국령 헤리티지 길 연인의 거리 남지나해가 내려다
보이는 언덕에 앉아 아이들처럼 웃는다 벗어든 모자
속으로 햇살 가득 쏟아진다 바람도 함께 내려앉는 어떤 것
12명 일행들 그 일체를 하늘로 들어 올리고 있는 것일까

사막을 걷는 낙타처럼 가득 채운 물의 온도가 뜨거워지고
다시 일어선다 거꾸러지기 전 한걸음이라도 더 걸어가야 하는
하늘을 우러렀다 또 바람의 방향은 어디로 불어 가는지
우리가 서로 만나는 곳으로, 무릎을 일으켜 세우며 간다
처음부터 늘 새롭게 시작하며 아득하여 보이지 않는 길을
걸어간다 노래로 살아남아서 풀꽃으로 피어 한 때
그들의 빵이 되어주었을 조각난 길을 따라간다
한 지체로 묶어 보내신 뜻으로 걸어가는 이들을 본다

빛이 그들을 감싸고 모두에게 내리는 빛의 날개 아래
전신으로 올려드리는 바람과 더불어 춤사위가 출렁인다
홀로 진 등짐 아직 보이지 않는 길 위 풀꽃으로 피고 지는
세상 끝 어느 귀퉁이 한 켠 햇살 가득 내리는 데서
늘 바람 앞세우며 가는 아이들처럼 웃으며 가는
이들을 본다

페스(Fez)를 다녀와서

9천 개 골목과 만나는 페스(Fez)*, 꽃의 시절 잊은 채,
길이 멈춰 선 채 적막에 기리었다 한 명이 겨우
빠져나갈 틈 열어두고, 엮인 길을 떠밀리듯 걸어
가는, 그림자 휘적휘적 따라 걷는 듯, 아주
천천히 숨 높이 재며 바라보던 힘겨운 눈빛 속
먼길, 이런 빛살이다 바람의 발처럼, 건너가
버릴까 봐, 멀고 먼 날에 다시 올 거라는, 막다른 숨을
몰아쉬며 눈꺼풀 힘겹게 밀어 올린다

벽 막아 하늘만 들여놓고 사는 집 바람과 새
날려 보낸 창 열어두고 얽히고설킨 길 바람
일어나는 하늘마다 막히지 않은 벽을 두드린다
그물 놓아 하루하루를 살아가는 길 밖에 선
패스에 잠 속의 비듬을 줍고 있는 반짝이는 눈
제 몸보다 큰 짐더미 같은 가죽가방을 짊어지고
새처럼 날아다닌다 휘익 날아가 버릴까

먼 날에 다시 올 거라는 막다른 압화로 퇴적된 채

밀어 두고 살아가는 길 어쩌다 잡아당긴 바람개비 같다
반질거리는 손등에서 몸을 안팎으로 뒤집으며
펄럭거린다 바람의 발등에서 뛰어내리는
지나가면 그만인 듯 걷고 걷는 길 되돌아
제자리에서 또다시 패스(pass), 걸어 스쳐갈 뿐이다

가죽염색 공장, 빨주노초파남보 오색 염색 가죽으로
재가공해 태어나는 살갗들의 담금질 살아있는 세포
몇 조각 남아 살았을까 카라위인 모스크 앞 인류 최초
대학 학문의 전당, 한 땀 한 땀 살가죽에 새긴
패스(pass), 9천 개의 골목을 지나 하늘을 보았을
지친 다리 끊임없이 출구를 찾아 전송한다 꽃의 시절 잠자듯
멈춘 터에 힘겹던 눈빛의 그가 먼지처럼 부유하고 있다

* 페스(Fez) : 모로코의 왕도王都

물의 날개
– 빅토리아 폭포

잠꼬대하는 어깨를 흔들어 깨우는 밤
보이지 않는 세상을 보고 있는
그의 발걸음을 따라간다 보이지 않는
길 해독이 불가능한 단문 부호를 외치며
허우적이는 몸 한 몸에 또 다른 길을
따라나서며 깃들어 살고자 했던 곳으로 나간다

수풀일까 정글일까 벌판일까 깊은 동굴일까
망망 바다일까 취한 듯 흐물거리는 눈빛 너머
분명 펼쳐졌을 땅 금단의 열매를 취한 뇌세포가
숨 몰아쉬는 입술 사이로 빛이 빠져나간다
붉은 입술 새로 흘러나가는 숨 섞일 수 없어
귓바퀴 바깥으로 고개 돌려 찌푸려 감은 눈

치러야 하는 의식처럼 무너진다 비릿한 바람 숨
목덜미께로 비껴 받아 궤도를 이탈한 불
날름거리는 혀가 제풀에 스러지길 기다리는
사이 숨죽인 새 날아가는 곳에 똬리를 튼다

미처 키우지 못한 죽지 파들거리다 귀 닦는 폭포 소리
돌아눕는 등 뒤로 습한 바람 향에
몸 꺾인 풀잎들의 적요, 젖고 있다 물속 절벽 길에
줄지어서 뛰어내린다 뛰어올라 경계를 잇는

무지개다리 이편과 저편 천 길 절벽 틈 붙잡고
길 없는 길 여는 물방울 온몸 가득 오색
빛깔 부시다 한순간의 몰입으로 몸 열어 소멸하는
소리, 바위에 부딪혀 물보라로 오르는 춤사위 속
몸 안에서 물의 날개 돋아서 추락하는 것들의
꽃보라 끝 간 데 없는 군무群舞를 펼친다

꼬르도바 메스키타*에서

지극한 소망 아름답게 올려진
꼬르도바 모스크
고요함 속에 슬픔이 흐른다
잠시 머물다 가는 인생이
무한을 꿈꾸는 어리석은 욕망으로
귀한 생명 꽃들을 무참히 짓밟고 지나간 상흔마다
마른 꽃 되어 흐르는 무심의 향기

먼길 나서 찾아올 고귀한 혼을 기다리고 있는
순결한 소망의 탑에 새겨 놓은 뜻
사랑으로 빚어 내려보낸 피조물에 의해 파괴되고
어린 꽃들의 울부짖는 소리 하늘에 닿아도 차마
먼지처럼 흩어버리지 않고 견디고 계신
당신의 침묵으로 가득한

바람도 숨죽여 울고 메신저도 울고
목놓아 당신을 부르는 소리가 전해지지 않는 곳
사랑하는 자녀의 눈에 서린 눈과 칼

눈 감고 귀 막은 영혼을 깨우며 애타게 부르다
강물처럼 흐르던 생명의 은총을 거두어들이며
'내게도 아픔은 있느니라!' 말하시는 듯
한 몸에 두 개의 정신이 깃들어 끝도 없이 반복되는
인간의 오욕과 성스러움은 서로 닮은 한 몸이어서
침묵하며 감당하시는 가시 찔림의 길

긍휼을 바라는 사랑의 염원은 마지막 피 한 방울까지
흘리며 "저들을 불쌍히 여기소서!"
순간의 파괴가 영원을 감당하지 못함을 아는
지혜자는 어디에 있느냐 찾으시며
당신의 피조물들을 향한 피눈물도 말라
차라리 마른 꽃으로 누워 버린 침묵의 길
땅과 터전을 멈추어 서게 하고 정지시키신 뜻
어느 지점에서 회복시키고자 하시나이까?
어리석은 물음을 보듬고 경배하던 사람들
자취 없어 이제는 아무도 앉지 않는
성당의 빈 의자에 홀로 앉아 여전히

생명의 숨 불어넣으며 흙덩이를 빚고 있는
바람의 혼 같은 당신께서
'내 백성이 어디 있느냐?'
물으시는 듯하여 어린 마음도 아파 오네

아름다움을 파괴하는 약탈자의 능선을
사랑의 빛으로 뚫고 나아갈 자
어느 지점에서 길 잃고 쓰러져 잠들어 있는가
사막에 누워 신음하는 또 다른 피조물을 안고
먼 나라에서 오고 있을지도 모를 소리에 귀 기울임이여

타오르는 화염 속에 사랑하는 이를 떠나보내며
슬픔이 강물을 이룬 이 땅을 기억하라
신의 사랑을 실천한 이들의 발자취 찾아
먼 나라에서 온 딸아
사랑의 이야기가 흐르는 이 전을 기억하라
사랑으로 충일한 방황 멈추지 말고 일어나 떠나라
무너진 벽에 기대어 울고 있는 영혼에

한줄기 비 되어 내리거라
소멸의 강에 생명의 물 흐르게 하라

* 메스키타, 모스크, 사원

| 해설

바람의 바람

전종호(시인)

　사람의 삶을 흔히 바람과 물에 비유하여 말한다. 바람 따라 물 따라 산다고도 말하고, 바람처럼 물처럼 자유롭게 살고 싶다고도 한다. 바람과 물은 고정된 형체가 없는 것이어서 자유자재自由自在의 상징으로 쓰인다. 그러나 자세히 보면 바람도 바람의 길이 있고 물도 물의 길이 있다. 더욱이 자세히 보면 바람과 물도 자기의 길에 흔적을 남긴다. 물비늘을 비치며 소리 없이 흘러가는 아름다운 강물도 물속에서는 자국을 남기기 마련이다. 깊은 강바닥에 상채기를 남기고 때로는 물길을 바꾸면서 지형을 바꿔 버리기도 하며, 장마나 가뭄 같은 극한의 시기에는 판을 근본적으로 뒤집어엎기도 한다. 그렇다면 바람은 어떤가? 미풍에 흔들리는 바람은 고요하여 우리 마음을 조용히 흔들지만, 태풍은 나뭇가지를 꺾고, 밑동을 부러뜨리기도 하고 땅을 깊숙이 파내기도 한다. 바람은 때로는 회복할 수 없는 상처와 손해를 끼치기도 하지만, 우리는 많은 염려와 걱정을 바람에 실어 보내기도 하고 간절한 염원과 기도를 바람에 실어 사람의 손이 닿지 않는 아주 먼 곳으로 보내기도 한다.

　네팔이나 티베트, 또는 윈난성 등 히말라야산맥 쪽 높은 지대를 가면 바람에 휘날리는 타르초나 룽다를 보게 된다. 히말라야 높은 곳에 가면 처음에는 높고 웅장한 산에 압도되고 구름 한 점 없이 깨끗한 하늘에 머리를 숙이게 되고 거대한 산과 산이 접하는 계곡의 물소리와 바람 소리에 돌아온 길을 돌아보게 한다. 그러다가 사람이 사는 마을 가까이에 가면 나무와 나무 사이에 걸려 있는 오방색 비슷한 깃발이나 장대에 걸려 날리는 대형 걸개그림 같은 룽다를 보면 저게 무얼까 궁금해지다가 그 의미를 알게 되면 저절로 손을 모으거나 고개를 숙여 기도하는 자세를 취하게 된다. 룽다! 한자로는 풍마風馬라고 하는데 바람의 말 또는 바람말이라는 뜻이다. 크고 긴 천에 쓰여 있는 말씀法이 인간 세상에까지 멀리멀리 퍼져나가기를, 퍼져나가 산 아래 사람들이 모두 평안하기를, 온 세상 두루두루 말씀의 은혜와 자비가 실천되기를 기원하는 고산지대 티베트 소수민족의 간절한 소망이 담긴 대형 깃발이다.

1. 바람의 서기書記로서의 시인

물처럼 바람처럼 살고 싶은 사람에게도 현실적인 여러 제한이 있는 살길을 살아야 한다. 모든 사람의 삶의 조건이 똑같지 않다. 어떤 이는 용케도 살길을 잘 찾아 사는 데 어려움이 없는 반면, 어떤 사람은 살길을 찾아 헤매고 역경 속에 빠져 허우적거리기도 한다. 때로는 영영 길을 찾지 못해서 삶에서 이탈해 버리는 사람이 생기기도 한다. 길을 찾는 사람들은 살면서 기록을 남긴다. 길을 찾기 위해서 또는 자기가 찾은 길을 알려주기 위해서 기록을 남긴다. 기록의 방법도 여러 가지다. 문자 기록이 있고 구비 전승이 있고 풍문도 있다. 종교적인 깨달음의 기록도 있고 본인의 시행착오적 삶에 대한 문학적 또는 사실적인 기록도 있다. 주변에서 함께 한 사람들의 기억 속에 유지되기도 한다.

문사 특히 시인의 삶의 행적은 본인의 기록 속에 전해진다. 그래서 시인이 쓴 시 한 편 한 편은 그의 삶의 한 장면이고 그 장면들이 모인 시집 한 권은 그의 자서전인 셈이다. 바로 자서전의 기록자 즉 삶의 서기書記가 바로 시인이다. 일반인들의 자전적 문서와 다른 점은 사실과 사실에 대한 해석과 시적 상상이 융합된 문학적 표현이라는 것이다.

강경순의 시집은 출생과 성장, 교육과 경험과 성숙의 과정에서 바람을 따라 살아온 시인의 역정에 대한 기록이라고 할 수 있다. 이 바람(wind) 속에는 시인의 바람(wish)이 들어있다. 이 바람이 저 바람을 끌고 저 바람이 이 바람을 태우고 흔들리기도 하고 서로 손잡아 주면서 비상한다. 강경순 시인의 삶은 바람의 바람과 같은 삶이라고 할 수 있다.

    마을 어귀 느티나무 뿌리는 두승산 구멍에서 빠져나온 달빛이 근원일 것이다 아침마다 새들이 산 중턱 감아 오르는 안갯속에서 나와 산자락을 휘이 돌아 어디론가 날아간다 구름이 두승산 꼭대기에 걸린 날이면 저 멀리 마을에는 소란스러움이 먼저 달린다 느티나무가 머리채 흔들어 휘휘 소리하며 넘실거리고 널어놓은 고추며 콩이며 곡식들을 걷어 들이기도 전 후드득 빗방울이 쏟아진다 새들이 파들거리며 어린 새들을 불러들이고 온몸에 바람을 감고 이리저리 뛰는 아이들 발갛게 달아오른 볼 가득 웃음소리 매달고 소나기처럼 우두두두 달린다(중략) 두승산을 넘어 시집왔다는 어머니를 소환하며 아버지 병수발하며 마음 야위어갔을 가족들 고운 얼굴에 맺히던 눈물은 뒤란 풀숲에 내려놨을까 빈집에 맴도는 오랜 허물 같은 비늘을 떨어내고 아버지의 푸른 몸 일으켜 뒤돌아나온다 두승산에 걸린 구름이 흘러가는 곳 어디일까 헤아리며 낯선 땅에서 버팀목 단단하게 고정하며 살기 위해 몸부림친 바람이었다 길이 나뉘어 간 두 사람의 해후를 달빛이 부드럽게 감싸고 있는 밤 마을 어귀 느티나무가 일제히 나뭇잎 일렁이며 배웅하고 있다 (「두승산 달빛 아래」 부분)

「두승산 달빛 아래」는 시인의 유년 시절 삶의 물리적 정신적 배경을 함축적으로 묘사하고 있다. 유년 시절에 만난, 아니 그 안에서 살던 산, 바람, 강물, 달빛 등등 자연의 요소요소는 성인이 된 시인의 정신과 정서 속에 체화된 채 여전히 그대로 살아 있다. 산, 바람, 강물, 달빛 등은 어른이 되고서도, 농촌을 벗어나 도시에 살면서도 의식하지 못한 채 불쑥불쑥 튀어나오는 그의 정서의 원형(archetype)이 되어 있는 것이다.

길 걷다 잠시 눈 붙이는 쪽잠 반대편 귀퉁이에서/바라보고 있는 눈빛을 본다 고양이가 웅크리고 있다/진지하게 눈을 뜨며 달려드는 달빛/너울 드리우고 전봇대 머리 위에 앉아 있다//(중략) 저문 강물 소리 그 너울처럼 내리는 눈빛으로/익어가는 바람 소리가 들어있다 주름 파고드는/물방울처럼 흔적도 없는 모습을 들여다보다/불 켜진 데로 돌아갈 즈음에 앉았던 무릎 세운다/은어 한 마리 물속으로 다시 헤엄쳐 들어간다//(중략) 무언가를 안게 되는 저녁 자꾸 작아진다 상자에/밀어 넣고 봉인해 버린 바람 줄기 열어보려/다가서는 발소리 쪽잠 속에서 듣는다/맞은편 길에서 안개 너울 뒤집어쓰고 저물어가는/들녘, 어스름 맞이하는 장승 되어 웅웅거린다//담장 이어진 골목길 내내 덮치듯 따라오던 전신주/몸뚱이에 강바람 맞으며 서 있다 불 켜지지 않는/몸이라고 불 환한 마당에 들어서서 바라보는/무서워하지 않아도 된다고 말을 전한다 저물 강/속으로 걸어 들어가는 쪽잠 귓바퀴 속/고양이 울음이 그르렁거리며 가래를 넘긴다 (「저물 강 — 강촌江村」 부분)

유년을 지나 어른이 되기까지 그의 혼과 정서에 박혀 함께 동행하는 요소가 아버지(어머니)의 존재이다. 성인이 되고 나서도 아버지는 전철 안에서도 불쑥 나타나시고 핸드폰을 쥐고 잠든 새벽 잠결에서도 살아 생전에 책 읽던 모습으로 나타나시기도 한다. 시 한 편 속에 어떤 가족사가 아련하게 실감나게 정갈하게 설명되고 있다.

사과나무 가지 끝 파란 열매가 우박 맞아떨어질 때/그는 코팅 장갑을 벗고 나무의 등줄기를 쓰다듬는다/농지 정리된 농로 옆 수로 속에 수초들 휘어 누울 때/등으로 따가운 햇살 받으며 투덕투덕 허리를 두드린다/농수로 포장도로 가장자리에 앉아 거북선 담뱃갑 속/덜렁 한 가치 남은 담배를 꺼내 불을 붙여 물고 멀리/두승산 꼭대기 산그늘에 걸려 넘어가는 구름을 본다//(중략) 어쩌다 빨갛게 익은 사과들은 땅에

떨어지며 멍이 들고/햇빛이 좋아 과일들이 풍년이라는 뉴스
에 때로 밝게/때로 어둡게 막걸리 한 사발에 바람 한 움큼을/
안주로 마신다 시어터진 김치 한쪽에 부처 같은/웃음을 걸고
아버지 천 원 필요해요 하는 딸에게 허리 괴춤/열어 꼬깃꼬깃
한 천 원짜리 지폐 두 장을 쥐어준다//어서 가라고 버스 주차
장에서 정읍행 버스를 향해 손/흔들고 뒤돌아 가는 그의 등
으로 노을이 불그스름하게/번져가고 정읍에서 전주 가는 시
외버스 타려면/버스표 사고 얼마나 남을까 그것이 딸의 용
돈 삼아/살아갈 돈이리라, 새벽마다 용각산을 먹었다 그해
오월/햇살 좋은 날에 멀고 먼 소풍을 가선 돌아오지 않았다
(「아버지의 등 -어떤 가족사」 부분)

2. 생태 감성의 시인

 강경순의 시를 읽으면서 시인 강경순이야말로 룽다의 시인
이라는 생각이 들었다. 다만 바람은 히말라야가 아니라 두승
산과 초강리에서 불어온 것이고, 룽다에 실린 말씀은 특정 종
교가 아니라 스스로 뚫고 걸어온 개인의 존재론적 외침과 깨
달음이라는 것이 차이라면 차이라고 할 수 있다. 그러나 따지
고 보면 개인의 일상적 깨우침과 실천이 종교의 구도求道와 무
슨 근본적인 차이가 있겠는가!
 강경순의 시는 거의 전편에서 바람이 불고 물이 흐르고 느

티나무가 서 있다. 그는 바람의 딸이고 강물의 자매이며 느티나무의 친구이다. 그래서 바람과 강과 느티나무와 달빛은 시인이 그저 관조의 대상이 아니라 오장육부 신체의 일부로 영혼으로 감응하는 일체적 존재이다. 따라서 무슨 생태주의나 환경이니 하는 전문적인 말을 쓰지 않아도 몸속에 바람이 불고 물이 흐르고 그 소리가 들리기 때문에 자연은 그에게 획득된 것이 아니라 생래적인 것이며, 인간이나 사회와 대립적인 개념이 아니라 한 몸이라고 할 수 있다. 마치 생태나 환경이라는 말을 전혀 알지 못하지만 생태적 삶을 살아간 아메리카 원주민의 삶과 같다고 할 수 있다.

    무성한 푸른 잎 가득 달고 마을을 지켜주는 나무가 있다/아이들이 놀다 던진 돌멩이에 흠집이 나도/나뭇잎 차르르 흔들면 그만 새벽부터 논밭에 나가 일하고/한낮 더위 피해 온 이들에게 그늘을 내리고/바람이 실어 온 이야기에 귀 기울이며 잎맥을 키운/나뭇잎들은 들판으로 달려가 초록 물결과 만난다//올 한 해 농약값 인부들 품삯에 곡식 종잣값도/못 건지겠다며 시름 찬 이야기 풀어놓는 농부들/목마른 입에 막걸리 한잔 맛깔나게 목젖으로/넘기는 소리에 느티나무는 오늘도 생각에 잠긴다//'이 나무가 아마도 오백 년은 족히 되었을 거네'/하며 흐뭇이 바라보던 느티나무 아랫집 강 씨, 느티/뿌리를 움찔거려 바람 한 줄기 올려 드린다/강 씨는 군에서 장교 생활을 하다 전역 후/농사에 매진했지만 그게 만만한 일이 아니어서/농협 빚 끌어 쓰는 일이 다반사였다/일 년 농사지어 농협 빚 갚고 나면 손에 쥐는 것은/동네 사람들과 막걸리 한 동이 시켜 술 한잔에/웃음 한 순배 돌리는 것이 그나마 호사였다//누가 자식들 이야기라도 물어 주면 쑥스러운 듯/'애들이 공부는 쪼끔 하는 거 같기도 하고'/뭉툭해진 손으로 머리칼 쓸어 올리며 씩 웃는다//슬며시 가슴 앞섶 자락을 눌러 보며 주머니에 넣어 둔/지폐 두어 장을 가늠해 보곤 입꼬리가 올라가는 강 씨/눈이 까맣고 초롱초롱한 둘째 딸 교대에 들어갔으니/선생님이 될 것이다 요긴하게 쓰라며 쥐여 줄 요량이다 (「초강리, 느티나무 편지」 전문)

「초강리, 느티나무 편지」에서는 느티나무와 어린 시인을 비롯한 아이들은 독립된 개체가 아니라 함께 어우러져 사는 존재들이다. 바람과 나뭇잎들이 초록 물결로 한 몸이고, 심지어 추수 끝에 농협 빚 갚으면 빈털터리가 되는 아버지와 다른 농민들이 막걸리 한 잔에 한 몸이 된다. 독립적 개체로서 관계인 대응對應이 아니라 서로 내던지고 받아들이고 받아주는 감응感應의 동일체가 되는 것이다. 시인은 유년의 시절부터 몸으로 체득한 생태적인 언어로 자신의 감정과 생각을 풀어내고 있다. 헛수고에 그친 뼈 아픈 한 해 농사의 실패도 공부 좀 하는 자식들의 성취로 그저 덤덤하게 받아들이는 여유가 생긴다고 할 수 있다. 「누에의 잠」과 기타 다른 시편 속에 종종 드러나는 70년대 말의 낙후한 농촌의 모습과 그럼에도 불구하고 그 속에서 마음의 여유를 놓치지 않고 살아가는 농민들의 심정이 시인의 원체험을 형성하고 있다.

3. 바람의 소리를 아이들의 말로 듣는 시인

강경순 시인은 평생 가르치는 교사로 그리고 교육관리자로 산 사람이다. 가르친다는 것은, 그리고 교육조직을 행정 한다는 것은 사람들의 말과 아픔을 들어주는 일이다. 아픔을 들어주면서 아이들의 꿈을 키워주는 사람이다. 배우는 사람과 가르치는 사람과 아이들을 학교에 보내는 부모와 함께 아이의 꿈을 키우고 더불어 좋은 사회를 만들어가는 사람이다. 따라서 교사는 아이들의 존재를 늘 살피고 아이들의 내면과 사회적 이상의 실현을 꿈꾸는 것이 일의 본질이기 때문에 이러한 삶이 시적 성찰의 대상이 될 수밖에 없다.

아침이면 잎들이 일어서는 숲길을 지나다가/바람 속에서 걸어 나오는 아이들을 본다/나무의 말을 바람 소리로 들으려 귀를 열고서/아이들은 둘레 길을 걸어가서 하늘을 만나고/오가는 길 풀 섶 사이로 흐르는 계곡물 가에서/풀뿌리며 풀꽃들의 이야기를 듣고 온몸에/가득 담고 있는 빛 덩어리의 아이들을 본다//새순도 나기 전에 꽃으로 피어나는 노란 산수유며/품고 있던 돌을 꺼내어 햇살에 씻을 수 있는/나무가 되는 비늘지느러미를 품고 교실로 와르르/뛰어들어와 펼치는 소란스러운 몸짓을 본다//시설스런 꽃샘추위 발부리에 걸려 넘어지던/풀뿌리들이 새순 밀어 올리는 떨림 땅에서/하늘까지 닿기를 바라는 봄 물가의 바람은/나무의 비늘지느러미를 뽑아 올리고 있다//아이들은 우리네 따뜻한 마음속에 자라고 있는/어쩔 수 없는 노란 민들레 앉은뱅이 꽃으로 앉아/흔들리며 눈물 씨 뽑아 홀씨를 만들고 있다/열병합발전소에서 뭉게구름처럼 피워 올리는 연기/영주산 정자를 기웃거리고 중고나라 상점 전자기기에서/송신되는 주파수에 아랑곳하지 않고 맞벌이 가정의 꽃 같은 아이들 구름이 만나는 마을 입양한 아이들에게//'친아빠 엄마가 아니란다' 말하는 바람 소리를 들으며/마구 달려가다가 되돌아오는 아이들은 목련꽃으로 웃고/그런 3월 아이들은 영주산 나무숲 속을 달려 다니다가/진달래꽃을 만나고 꽃물 들이는 아이들의 모습을 본다//아침이면 잎들이 일어서는 숲길을 지나다가 바람 안에서/걸어 나오는 아이들을 본다 나무의 말을 바람 소리로/들으며 귀를 열고 아이들은 둘레 길을 지나가다가 비로소/3월의 영주산, 하늘을 만난다// (「영주산의 3월」 전문)

「영주산의 3월」에서 시인은 지금 신도시 바깥 영주산 근방의 시골 학교의 학생들을 보고 있다. 아이들은 나무의 말을 바람 소리로 들으려고 귀를 열고 하늘을 만나고 오가는 길 풀섶에서 풀꽃들의 이야기를 듣고 있다. 빛 덩어리의 아이이다. 새순이 나기 전에 꽃으로 피어나는 노란 산수유 같고 비늘지느러미를 품고 있는 나무 같은 아이들이다. 그러나 네 아빠 엄마는 '친아빠 엄마가 아니'라는 풍문을 남모르게 듣고 사는 입양아들이다. 그럼에도 노란 민들레 앉은뱅이 꽃으로 앉아 흔들리며 눈물 씨 뽑아 홀씨를 만들어 갈 아이들이고, 나무의 말을 바람 소리로 들으며 귀를 열고 하늘을 만날 아이들이다. 상처가 있는 아이들을 바라보고 보듬는 교사의 따뜻하고 그윽한 시선, 더욱이 입양된 아이들의 아픔을 바라보고 그들의 앞날과 꿈을 지지하는 교사의 시선에서 작고 미천한 것들에 대한 시인의 시선을 확인할 수 있다.

「열꽃 속에 누운」을 비롯한 일련의 시에서는 전대미문의 코로나 사태에서 여러 어려움을 겪는 직원들의 아픔을 교육행정가의 입장에서 살피고 있다.

4. 바람의 영혼으로 '자유'를 쓰는 시인

바람은 어디에도 있고 어디에도 없다. 없음으로 존재하고 존재함으로 영향을 미친다. 바람은 모습도 없고 정해진 실체도 없다. 얼굴도 없고 무게도 없다. 냄새도 없고 방향도 없다. 기압 차에 따른 공기의 흐름으로 바람이라는 이름은 있지만 실체는 없다. 바람의 존재는 바람 자체로는 확인할 수 없고, 바람이 지나는 골목의 나뭇가지의 흔들림이나 사물의 반응으로 알 수 있다. 그러나 바람의 흐름에 저항하는 것은 무엇이든지 흔들고 부수고 뒤집고 파괴하기도 한다.

바람의 존재를 민감하게 느끼지 못하는 사람이 있는가 하면 미세한 흐름까지 잡아내는 사람이 있다. 어떤 사람은 바람이 분다고 말하고 어떤 사람은 바람이 운다고 말한다. 바람의 맛을 보지 못한 사람은 바람은 약한 것의 상징으로 보고, 강풍이나 태풍 속에 갇혀 본 경험이 있는 사람이라면 그 무서움으로 두려움에 갇힌다.

바람은 부재하지 않지만 느껴야 존재하는 것이다. 시인은 어디서나 바람의 흐름을 느끼고 바람의 냄새를 맡고 바람이 전달하려는 뜻을 알아채려는 사람이다. 그래서 시인은 '그가 떠난 도시는 그의 부재에도 불구하고/그가 살았던 흔적이 공기 속 물기로 흐르고/그가 와야 문을 여는 물거울 같은/움직이는 성을 숨겨두었다 들여다보면/파문처럼 번지는 물빛 품은 꽃그림자가 있다//꽃그림자 떠 있는 물거울 속 누군가 물수제비/띄워야 깨어나는 열일곱 살의 바람 소리가 있다'(「바람이 살아나는 도시」)는 것을 아는 것이다.

바람을 어떻게 말하든 요체는 바람의 영혼은 자유라는 것이다. 자유는 시인의 영혼이기도 하다. 시인은 바람처럼 머무르지 않으며 갇히지 않으며 그물코에 걸리지 않는다. '벽'이나 '담장'이라는 주어진 영역 안에 갇히지 않는다. 이런 시인의 의지는 「담장 너머로」에서 능소화라는 꽃의 행위를 통해 형상화된다.

> 담장 너머로 나가고 싶어 몸살이 난다/몸 의지해 버티고 있는 뿌리는 아랑곳하지 않았다/뿌리치며 나갈 뿐이다 바람 손 잡으려고 가는 길목/안녕이라 말하며 되돌아서는 갈 길이 바쁜 듯//무성해지는 몸이다 등 밀어 달라 보채며 부르튼/입술, 줄기 자랄 때마다 짙어지는 몸의 역주행/길 나선 바람 따라 뻗어간다 몸통을 다시 비틀어/너머 오르는 담 바라기 팔 뻗어 움켜잡으려는/빈손에 얼굴 붉어진다 꼬이고 얽히며 갈라진/몸뚱어리 틈새, 숨구멍마다 무수히 쏟아내는/손가락들이 끊임없이 움찔거린다//회초리로 후려치고 무릎 꺾어 앉혀도 주저앉히지 못하는,/부러진 뼈를 뚫고 등허리 곳곳에서 푸른 이파리,/달려 나온다 너무 아득한 오름, 목숨 던져 무릎 세우고 가는/기어이 닿고야 마는 손끝, 그러나 여전히 가시 갈고리를/가지지 않는다 다시 시작할 뿐이다 피 맺히듯/꽃송이리가 돋아났다 담장 안팎이 주홍빛으로 덮여 간다 (「담장

너머로-능소화」 전문)

근대 세상의 모든 길은 직선으로 각을 펴지고 직선의 구획으로 도시가 형성되어가고 있지만, 바람은 언제나 직선으로 불지 않는다. 곡선의 형식이지만 바람은 세상 모든 곳에 가닿지 않는 곳이 없다. 본능이기도 하고 아메바처럼 가장 원시적인 형태의 생명체의 본질이기도 하다. '형태 없이 주춤거리지 않고 본능처럼 움츠리는 뒷걸음질'이기도 하고 '아프면 아프다고 기쁘면 기쁘다고 곧바로 말하지 못하는 흐물거림'이기도 하다. '비켜서 있는 듯 떠밀려 가다 되살아나는 또 다른 시작점이자 끝'이기도 하고, '허공의 끝과 시작을 이어가는 설핏 보면 실수 같은 공존 방식'이기도 하다.

본시 알이었던 곡선은 둥글고 부드럽고/처음과 끝이 분명하지 않다 아니다 분명하다/아메바의 분할 세포처럼 소실점 하나로도//부풀어지고 커지는 부활의 몸, 곡선을 유지하며/살아가는 이들의 방식이다 재빠르거나 적확한/형태 없이 주춤거리지 않고 본능처럼 움츠리는/뒷걸음질, 앞걸음 표식의 거리 재기 눈/아프면 아프다고 기쁘면 기쁘다고 곧바로/말하지 못하는 흐물거림이다//해가 달을 가리는 둥근 아우라 휘장 펼칠 때/하늘이 곡선을 따라 잠시 눈 감는 사이/달빛이 노란 피질 홀떡 벗어던지고 달려와 내미는/손안으로 넘치는 강물, 비켜서 있는 듯 떠밀려 가다 되살아나는 또 다른 시작점이

자 끝이다/그들 방식의 끝이자 시작의 얼굴, 무심히 선/미루나무에 소리도 없이 바람이 팔 걸치는/일은 둥근 엉덩이로 들이밀며 누울 자리/만드는 허공의 끝과 시작을 이어가는/설핏 보면 실수 같은 공존 방식, 놓아버린 듯/버리며 가다 보면 다시 살아나는 달의 강, 길이다//미루나무 사다리 팔에 안겨 바람을 훔치고/바람 속 건너가 닿고 싶은 나라 있어 강가로/나아간다 미루나무 팔에 안겨 떠나는 강물의 소리/울며 가고 건너가는 강물 속에 둥근달 키우며/소리 없이 살아가야 건널 수 있는, 아리 강*,/쓰러지다 일어서는 풀들, 바람에 밀리어 커가는/저 크나큰 곡선의 비상이다 (「곡선의 비상」 전문)

『장자』 제물론에 바람에 대한 다양한 표현들이 등장한다. "땅이 토해내는 숨결을 바람이라고 한다. 바람이 일지 않으면 그뿐이지만, 일단 일었다 하면 온갖 구멍이 다 요란하게 소리를 낸다. 산 높은 봉우리의 백 아름이나 되는 큰 나무 구멍은 코 같고 입 같고 귀 같고 옥로 같고 술잔 같고 절구 같고 깊은 웅덩이 같고 얕은 웅덩이 같고 거친 물소리 같고 씽씽 화살이 나는 소리 같고 나직이 나무라는 소리 같다. 흑흑 들이키는 소리, 외치는 듯한 소리, 울부짖는 듯한 소리 웅웅 깊은 데서 울려 나는 것 같은 소리, 앞바람이 가볍게 소리를 내면 뒤따르는 바람은 보다 더 무거운 소리를 낸다. 바람이 살짝 불면 구멍들은 가볍게 응답하고, 바람이 사납게 불면 온갖 구멍들은 크게 화답하다가 사나운 바람이 그치면 구멍들은 일제히 울음을 그친다. 그러나 아직도 혼자 하늘거리는 나뭇가지와 잎들에서 바람의 흔적을 볼 수 있다."

이러한 땅의 바람뿐만 아니라 하늘의 바람이 있고 사람의 바람이 있는데, '바람의 울음은 천차만별이지만, 각각 제 소리와 제 음색으로 소리를 낸다고 하면서 이 바람은 과연 누가 불어 이런 소리를 내는가' 라는 질문을 던지고 모든 소리는 자신이 내는 것이라고 답한다. 이른바 함기자취咸其自取라는 명제이다. 세상에는 나도 없고 너도 없으며 자연도 없고 사람도 없으며 주체도 없고 대상도 없이 물물이物物 모두 가지런하여 같다는 제물濟物의 사상을 말하고 있다.

분별도 없고 거처도 없는 바람의 영혼은 강경순 시인의 영혼에 깊이 박혀 그의 몸속으로 길을 내고 흐른다. 강경순 시인의 시는 세상의 모든 바람을 자신의 안으로 끌어들여 함기자취咸其自取의 정신으로 빚어내는 자신만의 목소리이다. 그의 시는 바로 자유와 제물濟物의 바람인 것이 확실하다. 두승산 아래 초강리에서 시작한 바람은 마침내 하늘에 바치는 제문祭文을 싣고 한국의 임진강과 분단선을 넘어 바이칼 호수의 알혼섬으로, 미국의 모하비 사막으로, 아프리카 빅토리아 폭포로 날아가면서 지금 '깊어지는 중'이다